虎の血

阪神タイガース、謎の老人監督

村瀬秀信

集英社

虎の血

阪神タイガース、謎の老人監督

村瀬秀信

集英社

虎の血
阪神タイガース、謎の老人監督

【目次】

プロローグ

灰色の空を映した鉛色の日本海に、外国の大きな貨物船が行き来するのが見えた。港町の情景を漂わせる波止場には、赤レンガの倉庫に、杉原千畝《ちうね》が救ったユダヤ人難民の上陸地点の碑。さらにロシア語で書かれた案内板が至るところに立っている。

福井県敦賀市。古くより港湾都市として発展してきたこの町は、明治時代にロシアのウラジオストクとの航路が開かれてからは、神戸や横浜に並ぶ日本の玄関口となった。やがて敦賀港から新橋駅までをつなぐ欧亜国際連絡列車が運行を開始すると、ヨーロッパをはじめとする大陸からの文化流入の中継地として賑わうようになる。

現在もこの町から韓国への航路が開かれている一方、陸路を見れば関西を横断し、姫路までつながるＪＲ北陸本線・新快速の発着駅。廃藩置県後には滋賀県に編入されていた時期もあり、北陸のなかでも関西寄りの匂いがある。

この海原の向こうには、朝鮮半島があり、かつて満蒙《まんもう》と呼ばれた地域とロシアの大地が広がっている。反対側の道をゆけば、遥か彼方には甲子園だ。

その日はちょうど、２０２１年の日本シリーズ第１戦、東京ヤクルトスワローズvsオリックス・バファローズが行われる日だった。25年ぶりに選手権を戦うバファローズには甲子園の常連、敦賀気比《けひ》高校出身の吉田正尚《まさたか》（現・ボストン・レッドソックス）、山﨑颯一郎《そういちろう》、山田修義《のぶよし》といった選手たちがいる。近頃はその影響で敦賀にオリックスファンが急増しているらしい。

「最近はそうかもしれんですけどね。敦賀はもともと阪神タイガースのファンが一番多い町なんですよ。ホンマはね」

駅の案内所で初老の男性がそう教えてくれた。不満げな語気からいって、タイガースファンであることは間違いない。

「なぜ敦賀にタイガースファンが多いのかいいますとね、やっぱり、この町からタイガースの歴史に残るような名選手、名監督を輩出しとりますからね」

気の利いた宿や居酒屋を聞いても言葉が詰まっていたのに、タイガースのことになればするすると言葉が出てくる。

「なんといっても偉大なのは、地元の敦賀商業出身、戦前から戦後のタイガースをまとめ上げた伝説的人物、松木謙治郎さんですね。敦賀では年配の方だけでなく若い人も英雄として松木さんの名前はみんな認識しとります。あとは、駅前に元タイガースの〝ヒゲ辻〟こと辻佳紀《よしのり》さんの実家の魚屋『魚辻』がありました。店はつい先日に閉めちゃいましたけど、シャッターには往時のヒゲ辻さんそっくりな似顔絵が描かれていてこちらも人気は高いですね。それから敦賀のおとなり、美浜町からは〝浪速の春団治〟こと川藤幸三さんが出ていることも忘れてはなりません。今、OB会長やっとりますからね」

熱っぽく語る職員に、思わず笑いがこみ上げてくる。遮るように「岸一郎」という名前を尋ねてみた。

「キシ……敦賀の人ですか？　知りませんね」

彼は拍子抜けした顔でかぶりを振った。

「タイガースの監督だったんですけど」

「ああ、松木謙治郎さんやね」

「いや、松木さんじゃなくてですね……」

「わかった、沢田研二のタイガースにいた人？」

「それは岸部シローというカッパですね……」

岸一郎という人物を尋ねてこの町までやってきた。

大阪タイガース（現・阪神）の第8代監督。1955年（昭和30年）にタイガースの監督に就任しているが、わずか2カ月しか指揮を執っていないため、熱烈なタイガースファンの間でも語られることはほとんどないという謎の老人。就任当時で還暦。男性の平均寿命が63・6歳だった当時の感覚では完全におじいさんである。

現在の甲子園球場外野スタンド外にある甲子園歴史館には、歴代監督のコーナーが掲示されているが、第8代岸一郎の写真の下には、こんな短い説明書きが添えられている。

〝異例のプロ野球未経験での監督就任。オーナー野田誠三宛に書いた『タイガース再建論』に野田が感激し、監督に就任した背景があったが、約半年という史上最短で退陣した〟

60歳になるまでこの敦賀で農業をして暮らしていたというプロ野球経験のない老人が、どこでどうしたのかタイガースの監督になってしまった。

諸説伝えられている抜擢の理由がまたおかしい。

『オーナーとお友達だった』『もともと高名な野球人だった』なんてのはまだいい。奇っ怪なのが『タイガースが好きで「自分を監督にしてほしい」と腹案のタイガース再建論を手紙でオーナーに投書していたら、それが目に留まり監督に採用されてしまった』……なんて全国に2000万人いるといわれる自称タイガース監督にとっては、おとぎ話のような逸話だ。

昔、ある企業家は「男として生まれたからにゃ、一度はやりたい連合艦隊司令長官とオーケストラ指揮者と、プロ野球の監督」なんて憧れを口にしたが、まるで虎の威を借るシンデレラ。これで優勝でもしてしまえば、伝説の名監督として人々の記憶に残るのであろうが、この岸老人の監督生活はわずか33試合で終焉する。

選手たちから反発され追放されたからだ。

あまりにも異質。ゆえに調べようにも、この老人監督について記された記録は少ない。

彼が生まれた敦賀の町に来れば何か手掛かりが掴めるかもしれない。藁《わら》にも縋《すが》る思いで「岸一郎」の面影を追い、その名を尋ね歩いてみたものの、誰も彼もが知らぬ存ぜぬとかぶりを振るばかりだった。

気比神宮の参道にある「スポーツコバヤシ」は、吉田正尚も通った敦賀気比高校の野球部員の憩いの場であり、初代店主の小林利蔵は戦前の名古屋金鯱《きんこ》軍で活躍したプロ野球選手でもある。戦前から現在に至るまで敦賀野球界の情報が集まるこの店の店主でも、岸一郎の名前は聞き覚えがないという。

福井市の県立歴史博物館で２０２１年に開催されていた展示「福井県野球物語」にあった福井野球人の系譜も、その始まりは松木謙治郎からで、岸一郎への言及はなし。

タイガース関連では〝ヒゲ辻〟の実家の魚屋を継いだ弟の正則さんに会えたが「岸一郎。聞いたこともないですな」とこちらも空振り。ならば若狭高校出身、大阪の川藤幸三タイガースOB会長にとお伺いを立ててもみた。

「岸一郎さんいう名前はもちろん知っとるし、敦賀の人というのもわかるけどもや。それだけや。年代があまりにも違いすぎるわな」

何も成果を得られないまま、最後に立ち寄った駅の案内所でも手掛かりは掴めなかった。

「ありがとう。では彼の実家があった方へ行ってみます。今夜、日本シリーズ楽しみですね」

案内所を出る間際、お礼とともに職員にそう告げると、彼は何も面白くないという顔をしてつぶやいた。

「正直、日本シリーズなんか見たくもないですわ。今年こそ阪神がもらった思っとったのに、なんで優勝できへんのやろか」

ああ、この人もだ。タイガースはどうしてこうも人を狂わせる。

◎

タイガース。おお、阪神タイガース。その創立は1935年。

世界一の甲子園球場を本拠地に、日本球界では読売巨人軍に次ぐ老舗の名門にして、関西における絶対的な人気を誇る球団である。甲子園はいつも満員。大阪でテレビをつければタイガース。ラジオをつければもっとタイガース。コンビニの新聞棚はタイガースの見出しで埋まり、オレンジ色の吉野家も黄色く染めてしまうその愛、その力。

だけど、なんでなのか。勝てやしないのだ。

誕生以来、終生のライバル球団と目した巨人軍は、その歴史において38回の優勝と22回の日本一という永久不滅な輝かしい戦績を誇っている。それなのに、タイガースは巨人、福岡ソフトバンクホークス（南海～福岡ダイエー）に次ぐ勝利数を持ちながら、2リーグ制の分裂後は、優勝回数5回、日本一に至っては1985年のたった1回というなんとも不可解な結果を残している。

それは道頓堀に落としたカーネル・サンダースの呪いか、はたまた『Vやねん』の戯れか。もしくは本気でベンチがアホやから野球ができへんかったのか。藤村富美男《ふみお》とダイナマイト打線に、小山正明・村山実のWエース。江夏豊・田淵幸一の黄金バッテリーが輝けば、バックスクリーン三連発に、亀新フィーバー、JFK。球団創設の昔からキラ星の如き英雄・豪傑・猛虎たちが躍動し、彼らの姿に甲子園のスタンドはオウオウオウオウオウと他球団を震え上がらせる咆哮を轟《とどろ》かせていた。

だが、いいところまでいっても、最後にはお家騒動とドタバタ劇が起こってしまうその哀しき因業《いんごう》。ダメ虎・虎ブル・虎ディショナル。前述した生え抜きの大スターたちは、失意のうちにタイガースを去った。首脳陣と親会社は確執を起こし、チームはバラバラに解体され、期待の新監督はボロ雑巾のように叩かれて辞めていく。いつの間にかトラッキーの中の人までいなくなってしまう冗談みたいな伝統は、いったいどこから始まったものなのか。

ずっと気になっていた。タイガースは何かがおかしい。熱狂的すぎるファンだとか、圧倒的な地域性もだが、もっと根本的な何か。戦っている対象が他球団とは違うのだ。

それを感じたのは、今から10年ほど前。『4522敗の記憶』という、大洋ホエールズ～横浜ベイスターズの歴史についての本を書いたときだ。

タイガースよりも14年後に球団が創設されているにもかかわらず、2023年現在も12球団で最多の負け数を喫している横浜DeNAベイスターズがなぜここまで負けてきたのか。その歴史を調べていく過程で、各球団ともにチーム誕生の頃から、70年、80年経っても変わらない特性や、怨念のように染みついたクセがあり、それらは令和となった今も球団の根本に流れるDNAとして脈々と受け継がれていることを思い知らされたのだ。

だがそんな理解も、阪神タイガースの関係者から鼻で笑われた一言の前に、塵芥《じんかい》の軽さにしか思えなくなってしまった。

「この本をタイガースの歴史でやろうとしても……できひんやろな。闇が深すぎて。あらゆる権力構造が複雑すぎるんや。あんたも余計なこと書いとったら大阪の町を歩けんくなるで」

おっかない、と正直思った。闇ってなんなのだろうか。権力って。いや、確かにおかしいのだ。12球団ワーストの圧倒的な敗戦数を誇る大洋〜横浜よりも、阪神タイガースの方が日本一になった回数が少ない。そんな事実もこの闇が関係しているのだろうか。

何かある。そんなモヤモヤをずっと感じながらも、虎の世界へ踏み込むことをためらっていると、ある時、雑誌の依頼でタイガースの監督史についての原稿を書くことになった。

そこに彼はいたのだ。岸一郎。監督就任時60歳。プロ野球経験のまったくない素人がオーナーへの投書によってタイガースの監督に就任するも、選手から総スカンを浴びて休養。会見で発表された休養の理由は「痔《じ》の悪化」である。

ぞくぞくした。

闇。権力。痔エンド。この老人が、なぜ伝統球団であるタイガースの監督に就任できたのか。そして、明らかに辱めと思われる休養の理由で球界を追われてしまうのか。

最初は興味本位で調べる不純な動機だったのかもしれない。だが、この岸一郎という人物についての資料を漁り、関係者から語られるタイガースの伝統と時代背景を理解していくうちに、完全にのめり込んでしまっていた。この物語を、ただ物珍しい笑い話のネタやダメ監督と同等の語り口で扱うことなどできない。

タイガースというチームの「肝」がここにある。

１９８０年。日本のスポーツライターの草分け的存在である大和球士《やまときゅうし》が『真説日本野球史』

において、岸一郎のことを次のように書いている。

〈昭和三十年の阪神のオーダーは優勝を狙うに十分な布陣であったが、内紛があってチームは和を欠いた。思うに阪神はその後も小型内紛、大型内紛を繰り返し、常に実力兼備のチームでありながら昭和五十五年に至るまでに優勝わずか二度に過ぎぬ。情けない限りである。チームの和を欠く阪神の悪伝統の原点が、三十年の岸退陣事件にあったと断定しても差し支えあるまい〉

タイガースの悪しき伝統となってしまった〝お家騒動〟の発火点と指摘される岸一郎とは果たして何者なのか。

時代は昭和30年。幸い吉田義男や小山正明など、若い頃に岸のもとでプレーした選手たちからもまだ話を聞ける。その奇っ怪すぎる監督の辿った道をカギに、阪神タイガースという底なし沼の深淵に触れてみたい。

第1章

第8代監督　岸一郎

牛若丸2022

「そら、阪神の監督なんてけったいなもんですわな」

まもなく89歳になろうかという吉田義男がやわらかな、それこそビリケンさんのような微笑みを浮かべながら言った。

2022年の春。甲子園球場近くのホテルのラウンジ。時候の挨拶もそこそこに、タイガースの現状について話を向けると、吉田はどうにかなりまへんかねぇと困ったような顔をした。

この年の阪神タイガースは、開幕戦からリーグ記録となる9連敗という逆噴射スタートを切っていた。戦力がないわけではない。昨年にしても後半戦の大失速で優勝をヤクルトに攫《さら》われたとはいえ、セ・リーグの頂点を狙えるだけの戦力は十分に揃っていたはずなのだ。

その原因と思しきことは、キャンプイン前日の1月31日に露見した。指揮官である矢野燿《あき》大《ひろ》監督が突如、今シーズンいっぱいで退任することを選手たちに伝えたというのだ。

前代未聞。プロ野球界の正月前日に「たとえ優勝したとしても監督を辞める」と宣言するまさかの退任オープンリーチは、またしてもタイガースのお家芸である球団内部でのゴタゴタが、現在進行形で起きていることを誰の目にも明らかにした。

「タイガースは〝歴史はあるけど伝統がない〟ということをよぉ言われるんです。巨人と同じような歴史があるのに、中身が違うんですよ。ぼくも昭和28年に入団してから選手として17年。監督に解説者も含めると60年あまりもの長い時間をタイガースにお世話になってきたんですけども、やはりよその球団と比べると特殊といいますかね。特にフロントと現場との一体感というものが希薄なのかなと思わされますね。そういうところから綻びが出て、内紛やお家騒動が起こってしまうのでしょう」

吉田義男はこの因業深きタイガースで誰よりも多い3度の監督を務めてきた。１９８５年にランディ・バース、掛布雅之、岡田彰布の新ダイナマイト打線を擁する圧倒的な攻撃野球でタイガース史上初の日本一となった印象が強いが、監督を務めた3期ともにその去り際は苦渋に満ちたものだった。

「勝った時は天国でも、負けたら地獄ですよ。自分の体験を振り返ってもね。選手の時は昭和37年と39年の2回優勝しましたけど、指導者になってからは散々でしたわ。昭和60年に日本一になっても、その2年後には3割3分1厘という最低勝率の地獄を味わったでしょう。1回目、3回目の監督も含めてね……終始一貫、負ける時は、上とのそういうものが起こるものだと感じていましたね」

初めての監督は１９７５年だった。ヤンキースの〝ケンカ屋〟ビリー・マーチンがつけた背番号「1」をもらい、氏さながら情熱的に指揮を執った3年間の成績は3位→2位→4位と一定の結果を残すも、1年目のオフには、エースとして一時代を築いた江夏豊がトレードで退団。2年目のオフには田淵幸一の起用法で対立し、懐刀だった辻佳紀ヘッドコーチが退団。

3年目。年俸の査定問題で選手から「監督にダマされた」という不満の声が出ても球団は知らんぷり。対立する反吉田派のマスコミからは「吉田はタバコの一本一本に名前を書いている」「水虫の治療費も経費で球団に請求している」とドケチのキャンペーンを張られて解任。ケチョンケチョンにされた悔しまぎれに辞任会見で「阪神タイガースは永久に不滅です」とやったが、ウケはいまいちだった。

2期目は10年後の1985年だ。前回の反省を踏まえ〝一蓮托生内閣〟を掲げ「土台作り」を宣言するも、あまのじゃくなトラは1年目からいきなり超攻撃打線が爆発して日本一になってしまう。

それならば、いよいよ黄金期が到来するのかと期待した途端、まさかの直滑降が待っていた。翌年は3位でまだよかったが、バースは「ヨシダの作戦はワンパターンや」と采配を批判し、掛布は骨折で離脱。頼りの米田哲也投手コーチが吉田のもとを去った。明けて87年。シーズン前にバースがスピード違反。掛布が飲酒運転で暗雲が立ち込めると、久万《くま》俊二郎オーナーは「うちの4番は欠陥商品。野球選手以前に人間として失格」と断じて大きく禍根を残し、掛布は開幕から大不振に。コーチとの関係もおかしくなり、竹之内雅史コーチが職場放棄からチームを去る。新聞では事あるごとに「吉田、辞任」の文字が連日のように躍り、マスコミは〝吉田おろし〟の大合唱。一蓮托生は無残に崩れ、甲子園のスタンドからの罵声に晒された吉田の心身は限界を超えていた。

ある試合後、しつこくつきまとうカメラマンに、フラッシュ撮影の妨害をしてやろうかと思わず「傘さしたろか」とイヤミを言い放ったところ、翌日の新聞に「吉田、『傘で刺したろか』と脅迫」と出た時は泣きたくなった。

だとしても、耐え抜くのだ。地を這ってでも、顔面を泥だらけにしても耐え抜く決意でペナントレースを完走。結果は球団ワーストの勝率3割3分1厘で最下位だった。「ズームイン‼朝！」で辛坊《しんぼう》治郎が「なんぎやなぁ」とやって流行語大賞にノミネートされる頃、岡崎義人球団社長からの「君の名誉のために辞任ということにしよう」という提案を断り、吉田は〝解任〟される。3年で天国と地獄の両方を味わった。

「まぁ……負ける時なんてそんなもんや思いますけどね。それよりも勝った時ですわ。1985年の日本一になった時を振り返ってみると、表には見えてこないところに勝因があったんです。つまりは本社からのバックアップですね。特にぼくを支えてくれたのは当時の本社取締役だった三好一彦さん。神戸大学の野球部キャプテンで、同じ昭和28年にタイガースに同期入社した人でしてね。久万オーナーが『野球がわかるやつは三好しかおらん』いうて任せてくれた。ぼくと三好さんは絶えず話し合っていました。毎週一回、ホテル阪神で必ずミーティングをして、チーム方針が決まれば、口だけじゃなくて金銭面から人事面まで、全面的にバックアップしてくれた。あの年はコーチ陣も含め、一蓮托生じゃないですけどね。信じること。全員同じ方向を向いて、そういった信頼感や絆を深められたことが、結果につながったんやないか思っています」

吉田義男の最高点であったこの1985年。そして、フロントから改革した星野仙一の2003年。岡田彰布の2005年と、優勝した年の資料を漁れば、その年のタイガースがいかにフロントと現場が同じ方向を向いて頂点を掴んだか……なんて成功談をたやすく見つけることができるだろう。だが、そこは生身の人間がやること。現実はそんなに簡単じゃない。

「そうそう。これはわかっていても、なかなか簡単にはできるもんやないんです。タイガースはやっぱり人気があって、勝たなければいけないという使命がある。そのためにいろんな人がいろんな思惑を持ってね、蠢《うごめ》くでしょ。そこにマスコミも加わってね。ウソもまことも ごっちゃまぜですわ。ぼくも散々叩かれてきましたけど、大きな組織のなかで終始一貫、足並みを揃えて、同じ方向を向いてというんは、やっぱり歴史を振り返ってみてもなかなか難しいことがわかりますよ」

幽霊監督

タイガース人生六十余年。怨念と怨念が渦巻くこの〝虎の穴〟で、吉田義男が仕えた監督は8人にのぼる。1953年、入団した時の松木謙治郎には親分としての器の大きさがあり、この人がいなければ牛若丸は誕生しなかったとまでいえる恩人だ。天覧試合の指揮を執り、感激の涙を流したハワイ帰りのカイザー田中（義雄）、いろいろ問題が多く選手に2度も殴られた金田正泰《まさやす》。2リーグ制で初の優勝監督となった天下の名将・藤本定義は吉田が最も長く仕えた監督だ。

その後は中日ドラゴンズの大エースだった杉下茂。現役最後の監督にして〝犬猿の仲〟と散々言われた村山実とともに兼任コーチを務めた後藤次男《つぐお》は〝つなぎの監督〟を自覚して1年のみ役割を全うした。幾人もの監督が、打倒巨人とタイガースの復権を掲げ、ペナント制覇の夢を大いに語っては苦闘し、心身を擦り減らし、志半ばで去ってゆく姿を見てきた。

そして〝ミスタータイガース〟藤村富美男だ。幼少期から吉田が憧れ、入団したきっかけにもなったタイガース史上最高のスーパースター。彼が見せる表向きのショーマンシップと、その半面にあったスターゆえの寂しさを想う時、吉田は今でも胸の奥にチクリと痛みが走るという。

「ぼくもね、タイガースで育ってきた歴史のなかでね、汚点というか、なぜあの時そんなことをしてしまったのだろう……という後悔みたいなものがあるんです。特に藤村さんのことはね。うん。どうしようもなかったという理由もありますが、今でも……自分としては悔やんでも悔やみきれない、後ろめたい思いをずっと残しているんです」

吉田の言う悔いとは、1956年オフに起きたタイガースの歴史上、最も衝撃的な事件といっても過言ではない〝藤村排斥事件〟である。大スターであり兼任監督だった藤村富美男に対し、主力選手たちが反藤村の旗を掲げ、権力の座から追い落としたこの事件で、吉田は排斥派の若手筆頭として名前を連ねている。

「ぼくはあの時4年目の何も知らない若造でした。小山正明や三宅秀史らもそうでしょう。あの時の若手は、何が悪いかもわからないまま、気がつけば、明確な意図を持っていた一部の選手たちとフロントの権力闘争に巻き込まれていました。ぼくはあの事件が、マスコミの過剰な報道も含めた、タイガースに延々と受け継がれていく〝お家騒動〟の歴史のはじまりだったような気がしているんです」

この藤村排斥事件によって、タイガースにおけるフロントと選手の闘争の歴史が幕を開けた。そして、事件の顛末を連日詳細に報じたスポーツ紙が軒並み売り上げを伸ばしたことで今日に続く過剰な報道合戦が始まったともいわれている。

この時代。松木謙治郎と藤村富美男、吉田の記憶に鮮烈に刻み込まれている監督の狭間、ほんの小さな隙間に彼はいた。

第8代監督・岸一郎。藤村富美男が代理監督となる1955年シーズンにおける、開幕から33試合。たった2カ月しか指揮を執らなかった謎の老人。記憶からも長きにわたりエアポケットのように抜け落ちていたであろうその名を耳にして、吉田義男はきょとんとした表情を浮かべた。

「……岸一郎監督。ええ。ぼくが3年目の時の監督さんですね」

名前と年代は出てきたが、それ以上の言葉が続いてこない。

「……ほかの監督さんにはそれぞれ思い出が残っていますけど、この岸さんはまったくの異質です。申し訳ないのですが、ほとんど印象が残っていないんですよ。就任された時にはもうだいぶお年を召していらっしゃって、それまでの監督さんだった松木さんや諸先輩方のような猛虎というには程遠い、やさしいおじいさんという感じでした。好々爺といいますかね。やさしくて物静か。どこか寂しそうでね」

新人の年から2年間、大将の器たる松木謙治郎の姿を見てきた吉田にとって、監督としての岸一郎はあまりにも薄味だった。いや、彼でなくとも、伝統的にタイガースの首領たる監督は、球団創設以来、森茂雄や石本秀一のような学生野球の名伯楽。若林忠志、松木謙治郎、藤村富美男という猛虎の名に相応しい生え抜きの豪傑が務めてきたのである。選手もメディアもファンですら、この無名の老人のタイガース監督就任には折れるぐらい首を傾げたことだろう。

「ぼく自身、まだ若手で試合に出ることだけで精一杯。必死な時でしたから、正直、岸一郎さんが、どこから来たのかもわからなかったですし、どんな采配をして、何か話をしたのかすら印象もなくて……気がつけばスッといなくなられていたような記憶です」

「タイガース再建論」を唱え、「血の入れ替え」として若手を重用し、日本で初めて投手ローテーションの原型を作ったという話もあるようだが。

「いやいや……ぼくや三宅は松木さんに使ってもらったんですよ。投手ローテーションの話は藤本定義さんやないですかね」

まぼろしか、幽霊か、蜃気楼のような記憶。それはグラウンドの中だけではなかった。

「あ……そういえば、あの時、甲子園の三番町におそらく電鉄の重役さんが住んでいた大きな邸宅があったんです。そこに岸さんと、ぼくよりもちょっと下のきれいなお嬢さんが父娘でお住まいになっていましてね。ぼくたちも同宿させてもらっていたんです。いま考えれば大変なことですけどね」

合宿所がまだ完成していない昭和30年当時。若手選手は通いや、甲子園球場の2階の空き室、近所の旅館などに分宿していた。そして三番町にあった阪神電鉄の大きな社宅には、岸父娘と若手のホープである吉田のほか、小山正明と三宅秀史、渡辺省三、西尾慈高《しげたか》らが同居していた。ただ、ひとつ屋根の下で生活していても、岸一郎やその娘とのやり取りはほとんどなかったという。

「家でもごはんを一緒に食べるわけでなし、まかないはお手伝いさんが2人いたので、ほとんど接触もしていないと思うんです。ただ……家でも寝る時に虎のマークのついた白いジャンパーを着ておられてね。それがよく似合っていたんですよ」

まるで子供のようにタイガースのジャンパーを家でも着込むとは、よほどうれしかったのだろうか。それともご老体ゆえの寒がりだったのだろうか。興味は尽きない。

「グラウンドでの岸さんの記憶はまったくと言っていいほど残っていないんですけどね。ただ、ぼくが新人の時のタイガースはおっかない先輩たちばかりで、エラーでもしてベンチに帰ろうもんなら『おまえナニをエラーしとんねん』って怒声が飛んでくる、とんでもなく緊張感のある時代ですわ。そんな場所へひょっこり岸さんみたいな温厚なおじいさんが急に入ってきてもね……タイガース歴戦の選手たちにはまったく相手にはしてもらえなかったでしょうね。おそらく……そういう感じだったんちゃいますかね」

当時の岸一郎よりも年を重ねた88歳の吉田義男が、どこか申し訳なさそうにつぶやく。

「しかし、岸さんを取材するという発想は面白いですなぁ。考えてみれば、これは、ぼくがタイガースに来て最初のお家騒動かもしれません。監督としての在任期間は半年もない。タイガースの長い歴史から見ればほんのひとコマに過ぎないですけど、まぁあの時代の流れを振り返ってみると、〝歴史の分岐点〟と言ったらオーバーかもしれないですが、岸さんもタイガースの歴史に対しての何かしらのお役をなさっているんでしょうね」

阪神タイガース八十余年の歴史のなかに埋もれていた謎の老人監督、岸一郎。彼はいったい何者で、どこから来たのか。そして温和なド素人の老人はなぜ〝タイガースの監督〟という猛虎たちの長に起用されることになったのか。

そのゆくえを辿ることで、大いなるけったいな球団、阪神タイガースの姿が見えてくるような気がしていた。

謎の老人

大阪梅田の一等地。現在は阪神梅田本店になっているこの場所に、かつて大阪タイガースの球団事務所はあった。今から70年近く昔の1954年11月22日。この場所にひとりの老人が訪ねてきたところから物語は始まる。

「なんやじいさん、また今日も来たんかいな。ここは大阪タイガースの球団事務所や。じいさまの来る場所やない言うとるやろ……」

玄関口で職員に追い払われようとしている老人を見つけた大阪タイガース専務取締役の田中義一《よしかず》は、そこに立つ外套を身にまとった人物を目にした瞬間にイヤな予感がしたという。

老人の割に、身の丈は五尺七寸（約173センチ）と大きい。顔色はナスビのように日に焼けている。それでいて、仕立てのいいスーツに身を包み、日本人離れした彫りの深い顔は、どこかに気品を感じさせなくもない。

もしかして彼が件《くだん》の男なのだろうか。田中は居ても立ってもいられず、玄関先で今にも追い返されそうになっているその老人に声をかけた。

「すみません。どういうご用件でしょうか」

「ああ……昨日も来たのですが、球団の田中義一さんに岸が来たとお取り次ぎを願いたく」

悪い予感ほど当たるもので、この年老いた男こそが、待ち構えていたタイガースの新監督その人だった。

「申し訳ございません。昨日は私用で留守にしていたもので。契約のお約束は今日の14時だと伺っていましたが」

「いや、契約の前にタイガースとはどういう会社なのか見ておきたいと思いまして」

物見遊山のつもりなのか。いい気なもんだ。球団職員の誰もこの老人が新しいタイガースの監督だということは知らされていない。契約交渉は極秘裏に進められ、この日監督の契約調印が行われることもオーナーの野田誠三と田中以外に知る人はなかったのである。

そんなトップシークレットの人事であるがゆえに、田中はこの日この時、不慮の事故で亡くしたばかりの愛息の葬儀を長男に任せ、自らはこの老人との契約調印のために最後の別れの式を抜け出してきていた。なぜ、こんなバカげた人事のために……。考えれば考えるほどに、哀しみと怒りが込み上げてきていた。

翻《ひるがえ》ること3日前の1954年11月19日。阪神電鉄社長にして、大阪タイガースの第3代オーナーである野田誠三に呼び出された田中は「監督は岸一郎に決めた」という一方的な通達に、言葉を失うしかなかった。

〝誰やねん〟

頭の中ではその一言だけが渦巻いていた。今シーズンが始まる前に、タイガースの絶対的功労者、松木謙治郎が監督の職を辞したいと言い出してからというもの、次のタイガース監督に誰を据えるのか、水面下で調査と交渉を行ってきた田中にとって、この報せは青天の霹《へき》靂《れき》以外のなにものでもなかった。

その腹の内を推し量るように、野田が言葉を続ける。

「実はな、もう東京で何度か会うてきとるんや。この岸一郎くんはすごいで。元早稲田大のエースで、満鉄でも活躍した碩学《せきがく》の徒《と》や。年は還暦近くだが、その分古今東西の野球理論に精通しとって、人格者としても間違いはあらへん。我がタイガースは主力選手が年を取り、投手陣の立て直しがカギや。プロ野球界にしがらみのない岸一郎くんなら、世代交代を遂行し、優勝への土台を作ってくれるやろ」

田中は目の前が真っ暗になるような思いだった。早稲田？　満鉄？　聞いたこともないわ。ただこのオーナーが「決めた」と言っている以上、これは絶対命令である。特に電鉄の生え抜きではない田中に反論の余地なんて与えられるわけがなかった。せめて決定前に相談してくれたなら、絶対に岸なんてわけのわからんおっさんは監督候補の俎上にも載せんのに。

〝これは、とんでもなく荒れるやろな……〟

ほぼ近い未来に確定的に起こるであろうイヤな予感に田中は暗澹たる気持ちになった。

11月24日。大阪タイガース球団事務所には、ついにタイガースの新監督が発表されるとあって、各社の新聞記者がこぞって顔を揃えていた。

「えー、このたび、野田オーナーの強い推薦により新しく監督に就任した岸一郎監督をご紹介します」

田中義一専務から発表された聞き慣れない新監督の名前に合わせ、ひとりの老人が記者団の前に現れて会釈する。記者たちが一斉にざわめき立つなか、思わず誰かが漏らした「キシ？誰やねん」というつぶやきに、田中はまったくだと思いつつ、野田オーナーから受けた通りの説明を始める。

「あー、岸監督はプロ野球こそ初めてとなりますが、早大出身、その後に満鉄で活躍されるなど、その野球理論、人格からいってもタイガースの監督に相応しい人物だと判断しております」

ざわめきは一向に収まらなかった。無理もない。11月17日に松木監督の正式な辞任が発表されてからわずか1週間。その間に次のタイガースの監督は誰になるのか、スポーツ新聞はありとあらゆる可能性を洗っていた。最有力は松木監督の下で助監督を務めてきたチームの看板〝ミスタータイガース〟と称される藤村富美男であることは間違いない。

しかし問題は高齢化したタイガースの弱体投手陣。この弱点を補える投手の専門家として対抗に挙げられたのが、田中と同じ関西大出身、選手からの人望も厚く卓越した野球理論を持つ御園生《みそのお》崇男《たかお》投手コーチ、彼こそ適任だ。いいや、5年前の2リーグ分裂時にタイガースを割って毎日オリオンズ（現・千葉ロッテマリーンズ）へ出た若林忠志が復帰する。はたまた戦前に巨人軍の第一次黄金期を築いた名将、大映スターズ監督の藤本定義と水面下で交渉している……などなど、様々な人物の名が紙面を飛び交っていた。

しかしフタを開けてみれば、すべてハズレ。その誰よりも年長者のおじいさんがモヤモヤのなかから浦島太郎のように出てきたのだ。甲子園球場を造った野田オーナーや、早稲田出身の三原脩、藤本定義なんて重鎮よりも年上で、タイガース初代監督の森茂雄でもまだひと回り及ばない大正時代の野球人。騒然とする報道陣の前に出た渦中の老人が口を開いた。

「みなさん驚いたでしょう。でも私自身が一番驚いているんですよ。つい先日まで、この年で自分がプロ野球に入るなんてこれっぽっちも考えていませんでしたからね。いやぁ、人生何があるか最後までわからないもんです」

朗らかな笑みを浮かべる老人に、混乱して言葉を失っていた記者たちは我に返った。一斉に老人を取り囲み質問を飛ばす。

――野田オーナーからの強い推薦ということですが、社長とはいつお会いになったのですか？

「もともと野田さんとは顔見知りだったのですが、今月の初めだったでしょうか。直々にお見えになって、タイガースの監督をやってほしいと。以来3回ぐらいお話しさせていただきましたかね。私自身、野球から遠ざかっていることですし、突然の話に驚いたのでしばらく考えさせてほしいとお返事していたのですが、社長から『すべてを君に委ねる』とおっしゃっていただいたので思い切ってお引き受けしようと。決心したのはつい最近ですね」

――契約は何年ですか？

「自分としては短期間の契約を望んでいました。社長からはでき得る限り長くやってほしいと言われてちょっと困ったのですが、紳士協約としてもらって2年の契約を結ばせていただきました」

――プロ野球の経験はないようですが、どのようにプロの世界を見てこられましたか？

「やはり野球の最高峰を行くものですよ。だけど長らく野球から離れていたことと、自分がプロ入りしようとは全然考えていなかったので迷いました。タイガースの伝統については外来の未知な人間なので藤村君なり金田君に引っ張ってもらわなければいけませんね」

――前監督の松木氏とは同郷でご縁もあるそうですね。

「彼が子供の頃から知っているんです。中学時代にコーチをしたこともあるし、満鉄時代もしばらく一緒にやっていました。いわば師弟関係にもなりますが、タイガースでは彼の方が先輩ですから、やはり松木君を立て、今後とも松木君の援助を仰ぎたいです」

――率直にプロとしての野球観を教えてください。

「いちいち言われるまでもなく、選手自身やらなければウソだと思いますね。監督が黙っていてもやるのがプロですよ。別に監督がノックバットを握る必要もない。野球をするには頭がよくなきゃいかんですよ」

――1シーズン130試合。移動も激しいですが健康状態は？

「自信があります。ここ10年は田舎の敦賀で百姓仕事をしていましたからね。コニー・マック（フィラデルフィア・アスレチックスで50年監督を務めたMLBの名将）が90歳近くで引退したという話もあるじゃないですか。私なんてこれからですよ」

――長い間、野球界から離れていたことで現代野球とのズレが懸念されます。

「球界から離れて30年以上になりますか。ただ、大阪神の監督を引き受けたからには〝自信はある〟ということです」

打てば響くとはこのことか。岸一郎の温和で謙虚ながら、言うべきことはハッキリと言う受け答えは記者たちにも好印象を与えた。

さらに岸は、目指すべきタイガースの野球は〝投手を中心とした守りの野球〟であるべきだと自説を論じ始める。

「野球は投手です。投手がよくて、はじめて打力がふるうんです。まずは点を取られないことが先決問題。今年のタイガースは完投できる投手がなく、継投ばかりだったことに驚きました。私は完投できる投手を4人は作り『阪神では投手は育たない』という汚名を返上したい」

これまでタイガースを牽引してきたのはダイナマイト打線に代表されるような、藤村富美男を中心とした豪快な打ち勝つ野球。荒っぽくもド派手な打ち合いは観衆にもウケがよく、なによりわかりやすかった。

そこへ新監督となった岸一郎は、これまでのタイガースの野球から脱却し、〝投手を中心とした守りの野球〟へ舵を切ることを宣言したのである。

「私は30年以上現場を離れていたので、昨今のプロ野球事情であり、チームの内情、選手個々の特徴など、補えきれていない部分があるのは承知している。君たちには、私に足りていない部分をどんどん教えてほしい」

岸はニッコリと微笑むと、記者に対して逆に教えを乞うてきた。撮影のリクエストにも気軽に応じ、答えにくい質問にも真摯に向き合う。ニコニコと笑顔を振りまく温厚な人柄も含め、これまでのタイガースの監督では考えられない取材対応であった。

なんという人格者か。この老人は、野球人として野田オーナーから信頼を得て、前監督の松木とも師弟関係を結び、さらに戦前には連合艦隊司令長官の山本五十六《いそろく》元帥とも交流があったという。これは、もしかしたらとんでもない大人物なのではないか。

好奇心を絶妙に煽り立てられた記者からは、さらに深掘りしようと質問が浴びせられる。

最初は謙虚に答えていた老人も、やはり30年ぶりに日の当たる舞台に出てきて調子に乗ってしまったのだろうか。

「私は実力主義。選手の名よりも実を取ります。たとえ藤村富美男君でも当たらずと見ればベンチに置きますよ」

それまで穏やかな雰囲気で聞いていた新聞記者たちの表情が強張った。百戦錬磨の彼らが、その失言を逃すはずもなかった。

翌日のスポーツ新聞には、一斉にこのタイガースという老舗球団に突如現れた〝プロ野球未経験の老人監督〟というセンセーショナルな人事を大々的に報じた。

「タイガースに新たな改革の旗手」「待望の投手出身監督。タイガース投手陣の立て直しに期待」「大洋ホエールズも新監督に岸老人を狙っていた」「藤村といえど不調ならば外す」等々、好意的な記事が飛び交う一方、各紙は岸翁の球歴を元にその過去を知る野球関係者を捜索し、岸一郎の人物像を明らかにしようと試みている。

中日新聞では野球通で有名な作詞家のサトウハチローが満洲時代の活躍を引き合いに出しながら絶賛する記事を寄せ、デイリースポーツでも、満洲リーグでの岸のプレーを実際に見ていた野球評論家の中澤不二雄（5年後にパ・リーグ初代会長）が、この老人の現役時代を知る数少ない識者という立場から「期待出来る大物〜経験、経歴ともにうってつけ」と題した長文を寄稿している。

〈(岸一郎君は) 早稲田中、早稲田大、満洲倶楽部と通じて、長身、瘦身、全身これバネといった左腕投手。かつてアガッたことがないという度胸に、すばらしい球速、鋭く大きく落ちるドロップ、これを正確無比なコントロールで、昭和初年までの5大投手のひとりとして完成したピッチングを見せてくれたものである。(中略) 彼を敵にした場合は、にくいほどの鋭さ、スキのない恐ろしい敵。味方にした場合、これほど頼りになる人物はちょっと見当たらない。すべての競技に強い勝負の鬼。けばけばしいことのきらいな落ち着いた男。語らせれば野球理論など卓越したものを持っているが、あまりしゃべるほうではない。年齢、球歴、知識、経験などは阪神監督たる資格充分。人心を大きくつかんで全力を発揮させるのが課題、期待できる大物の阪神入りを喜びたい〉

ベタ褒めである。当時、野球評論家として名を成していた中澤不二雄からの大絶賛に「投手力に不安を持つタイガースの救世主」「もしかしたらタイガースはとんでもない在野の野球人を連れてきたのか……」という空気ができつつあった。

そんななか、月刊誌のため時差で発売された『ベースボールマガジン』1月号に、早稲田大学の3級上にして、岸とバッテリーを組んでいた元巨人軍代表の市岡忠男が冷静な雑感を寄せている。

〈岸君がどういう線から阪神の監督に出てきたのか、ちょっと意外の感がする。早大時代は後年の沢村栄治に匹敵する投手であり、満洲の野球が強くなったことにも岸君の力は大きく貢献している。野球に対する知識も情熱も人後に劣らず。しかし私は監督よりもピッチングコーチの方が最適任と信ずる。交際すれば人は悪くないのだが、とにかく初対面の印象がよくないのだ。野球界と絶縁の状態だったので、一日も早くチームに染まり、ナインの心を掴むことが岸君に課せられた第一の使命だろう〉

球界の重鎮たちが、岸一郎というすでに過去の名前となっていた野球人を賞賛する一方で、この監督人事にハラワタの煮えくり返る思いをしている人もいた。

この1週間前にタイガースの監督を正式に辞任した松木謙治郎前監督、その人である。

松木謙治郎の誤算

「おとなしく藤村を監督にしておけば優勝できるのに、なぜ岸さんを持ってきた。私が5年間かけて築いてきたものが崩壊してしまう。本社はいったい何を考えているのか！」

松木はこの時46歳。1935年に球団が創設された時の初代4番打者であり、キャプテンを務めた創成期タイガースの〝芯〟とでもいうような中心人物である。その風貌はロイド眼鏡のインテリ風ながら、1キロのバットを振り回し巨人軍・沢村栄治の豪速球を打ち砕いた柔道三段の二冠王。猛者に豪傑、猛虎揃いだった当時のタイガースの選手をまとめ上げ、彼らから「オヤジ」と慕われたほどの親分肌で、戦前には第3代監督として一度目の指揮を執っている。

その猛虎魂は永遠の輝き。こんなエピソードがある。

時代は激動の昭和史ど真ん中。太平洋戦争へと突入する1941年12月8日の真珠湾開戦を機に、松木は球団からの慰留を解いてタイガースを退団したことがあった。

その帰り道でのこと。会社近くのおでん屋でお疲れさまと一杯やって、5円ばかりの勘定に電鉄本社でもらった最後の給料袋から十円札を一枚抜いたつもりで勘定する。

「こんなん、つり銭がないですわ」

店のオヤジが訝《いぶか》しむ。よく見ると百円札だ。驚いて封筒の中身を見ると、ぶ厚い札束はすべて百円札。慰労金も含めて給料2年分に当たる8000円もの大金が入っていた。松木は感動して、この時に受けた恩義をタイガースから離れたのちもずっと忘れずにいた。

戦争が激化すると、松木も陸軍へ入営して沖縄戦に従軍。激戦地となったハクソーリッジこと前田高地の防衛戦にも参加し、目の前で多くの戦友が次々と死んでいく姿を目の当たりにした。松木本人も迫撃砲の破片を喰らいながら死地を乗り越え戦うと、10万を超える米軍を前に突破を試み、極限の疲労で力尽き気を失っているところを米軍の捕虜となった。

やがて戦争が終わり、プロ野球が再開する。

1950年、プロ野球の2リーグ分裂に際し、戦後タイガース最初の大事件、いわゆる「毎日引き抜き事件」が起こる。初代エース兼第4代監督の若林忠志を筆頭に、別当薫《べっとうかおる》、土井垣《どいがき》武《たけし》、本堂保次《ほんどうやすじ》、呉昌征《ごしょうせい》らチームの屋台骨たる主力選手がごっそりと毎日オリオンズへと移籍してしまい、タイガースはガタガタに弱体化してしまう。

この未曽有のピンチを救うべく、タイガースに復帰するのが松木謙治郎であった。

松木は復員後に経営していた町工場を投げうって「あの沖縄戦で死線をさまよってきたことを想えば何一つ恐れることはない」「願わくば、我に七難八苦を与えたまへ」とお家再興に忠義を尽くした山中鹿之助に自らをなぞらえ、驚くほど安い契約条件にもかかわらず監督として再びグラウンドに戻ってきたのである。

松木は義の人、愛の人だった。

主力が抜け、ガタガタになったチームには、それでも藤村富美男が残ってくれた。「残ったワシが勝つか、出ていったやつらが勝つかの勝負」と啖呵を切った藤村をチームの中心に、若手を忍耐強く使いながら、松木は懸命にチームを立て直してきた。入団時から2年間、松木のもとでプレーした吉田義男はこんなことを言っている。

「ぼくが入って1、2年目の頃はよくエラーをして投手のみなさんに怒鳴られとったんです。そんななかでも松木さんは『人間は失敗して覚えるものだ』と言って怒らなかった。それどころか落ち込んでいるぼくに『もう一個エラーしてこい』と言ってくださって、この檄はうれしかった。ぼくが監督になってからも若い中村勝広に同じ言葉を使わせてもらいましたからね。あの時、松木さんが長い目で見てくれたから、以後の私があったんです」

吉田は新人の年から規格外に高い守備能力を買われショートのレギュラーに定着はしたが、まだ粗が目立ち〝今牛若丸〟と呼ばれるまでの攻撃的な守備を得られたのは松木の我慢強く育てる鉄の姿勢があったからにほかならない。

松木謙治郎の監督としての成績は、4位↓3位↓2位↓2位↓3位と5年間で一度も優勝に届かず、ライバル巨人の後塵を拝す結果となったが、戦力が整わないなかでも勝率5割を一度も割っていない。いいやそもそも90年に及ぼうとするタイガース監督史上で5年以上続けて監督を務め上げられた人物は、この松木を含め藤本定義、中村勝広、岡田彰布の4人しかいないのである。それをこの不毛の時代にやり遂げること自体、とんでもない偉業であるのだ。

松木は戦後の荒廃のなかから日本が劇的な復興を遂げるのと同じように、焼け野原となったタイガースのなかで、辛抱強く、情熱的に若手を育てた。吉田義男や三宅秀史、小山正明ら新戦力を獲得し、肩を壊していた田宮謙次郎の打者転向を成功させ、私財を投じて選手たちに食事を振る舞うなど、松木の財布が逼迫するまでチームの再建に奉仕してきたのだ。タイガースへの愛情は計り知れないであろう。

そんな監督5年目の1954年。優勝できなかった責任、そして後述する「大阪球場事件」でのけじめをつける形で、松木がタイガースの指揮権を次の世代に託そうと決意する。託すべき人は助監督の藤村富美男だ。ダイナマイト打線の4番にして、その存在がタイガースそのものという誰もが認めるスーパースター。しかし38歳となり、年齢とともに力が落ち始めているのは誰の目にも明らかだった。

完全に藤村が老いてしまう前に監督としてのバトンを渡したいと考えていた松木は、数年前から自らが監督を退いたのちは藤村を監督に立ててほしいと幾度となく球団に伝えていた。「本来なら最初の3年契約が切れた52年に、藤村を監督にしてほしいと会社に推していたのです。しかし時期尚早と判断されたので、それなら藤村のために2年の時を稼ごうと契約を更新したのです。今年もオールスターでコーチの役回りがあれば、藤村を行かせたいと真剣に考えていたぐらいだ」

そういった経緯があったのだから、松木としては自分が退いたのちの新監督には藤村富美男が就くのが道理だと考えていた。

そこへ岸一郎なる、わけのわからないじいさんが突如登場してきたのだ。しかもそのじいさんは、こともあろうに自分と師弟関係にあるとぬかす。

冗談ではない。岸一郎、名前は知っている。会ったこともある。同じ福井県敦賀の出身だが、年齢は15歳も離れている。敦賀商業時代に学校の裏に住んでいた元早稲田大学のエースだというひょろ細いおっさんで、時々ノックを打ちに来ていた。だがそれだけだ。あのおっさんに教わったものなど何ひとつとしてない。それどころかノックをやらせてもヘタクソで、「捕れんような当たりばかり打ちやがって。こんなノック捕れるか！」とグローブを放り出して、さっさと家に帰ってしまったこともある。それをよくぞ〝師弟関係〟などと言えたものだ。2、

3日ノックをしただけで師弟だと言われたら、いったい、世の中にどれだけの師匠と弟子ができあがるのか。

松木は頭に血が上るのを抑えて新聞にこう寄稿した。

「この人事は、非常に危険である」

岸一郎が遺したもの

「岸一郎を調べとるんやて？　おぉ、エライところいくなぁ。そうかぁ。岸ねぇ……」

甲子園球場の裏手にある喫茶「ヘンゼルカフェ」。スポーツニッポンの名物記者である内田雅也が、苦いブラックコーヒーを啜《すす》りながらつぶやく。

「あれはしかし、よぉわからん人事やで。岸一郎が監督になるのも野田誠三に手紙書いて採用されたんやろ？　しかも岸が2カ月やそこらで追い出されたことで、その後の〝選手王様気質〟の原型ができた。タイガースの悪しき体質の始まりや……ってなんで、記者のおれが取材受けとんねん」

いつもとは逆の立場にいる違和感に内田は照れた笑いを浮かべる。

現在もスポニチ紙上で『内田雅也の追球』など、独自の視点で健筆をふるう内田は、

1985年の入社以来、タイガースをはじめ、アマチュア野球からMLBまで追いかけ続けて三十余年。特にタイガースに関しては、球団に培われてきた歴史を徹底的に調べ上げ、関係者から実際に見聞きした話を盛り込みつつ、誠実な筆致で今の世に伝えている。

約70年前の出来事である岸一郎のことを知るにはタイガースの歴史をよく知る内田が適任であると取材の約束を取り付けた。タイガースまわりにはトラ番と呼ばれる記者が山のようにいて、スポーツ新聞各紙には何十年とタイガースを追いかけてきた名物記者が必ずひとりはいる。そのなかで内田に教えを乞うたのは〝タイガースのファンではなく、球団の歴史と人に興味を持ち伝えている〟という点だった。

ヘンゼルカフェのテーブルの上は、内田の取材に対する姿勢そのまま、あっという間に岸一郎に関する資料であふれ返ることとなる。

「ええか。岸一郎が監督になったことは、タイガースの歴史で見るとな、電鉄本社が独断で監督を決めた最初のケースなんや。それまで本社が選んできたものとは意味合いが違う。なぜならタイガースの監督は、初代の森茂雄が……15試合で解任になったことはひとまず置いといてやな。2代目の石本秀一以降は松木謙治郎、若林忠志とタイガース創成期の主力メンバーが、誰もが納得できるような順番で選ばれてきよった。トラブルなんかひとつもない。ところが松木が大阪球場事件で責任を取って辞めることになった。じゃあ次は誰かいうたら、藤村富美男か御園生崇男になるんやけど、この2人は対立しとる。難題や。そこで、現場の混乱を収めるために、本社が第三の人物を選んだ。という……まぁ、これはすごく美しい言い方をすれば、やけどな」

内田は「なんや、社会科の授業みたいやな」とおどけつつも、当時のタイガースにあった背景をつらつらと話し続ける。

すべてのはじまりは、松木が監督を辞めるきっかけになった大阪球場事件。これは1954年7月25日の中日戦で起きた騒動だ。

この頃は甲子園にまだ照明施設がなく、難波の大阪球場で中日とのナイターゲームが行われている。対するはこの年に投手五冠を独占して中日の初優勝に貢献する大エース・杉下茂だ。同点のまま迎えた延長10回。タイガースの代打・真田重男のファウルチップを中日の河合保彦捕手がミットをかぶせるようにしてキャッチ。一塁側ベンチからは落球したようにも見えたが、球審・杉村正一郎《しょういちろう》は「直接捕球したので三振だ」と判定する。

これに、おんどりゃあと怒り狂ってベンチを飛び出したのが選手兼助監督の藤村富美男。その華のあるプレーに長嶋茂雄は憧れを抱き、水島新司は彼をモデルに『ドカベン』の岩鬼正美を着想したというオーバーアクションが持ち味の千両役者が、雄叫びを上げながら球審杉村へ向かって突進するや、肩のあたりを二度三度と小突いた。

これに面食らってしまった球審杉村。育ちがよくて少々気持ちに弱いところがあるこの杉村倉庫の御曹司は、ベンチを指差しながら何かしらを藤村に叫んでいた。

「アカン！」

一塁コーチャーズボックスから制止に駆け寄ってきた松木監督は咄嗟《とっさ》に考えた。

「藤村がここで退場になれば連続出場記録がストップしてしまう。自分が藤村の暴行以上にひどいことをやらかして退場になって藤村を守らなければ！」

柔道三段、過去にヤクザ者をマンホールに沈めたこともある俊敏な身のこなしで、エイヤ！と球審杉村を腰投げにする体勢に入ると、敵もさるもので、すかさず座り込んで投げ飛ばされることを拒否。これにナニをと松木も怯まず、奥襟をつかんで立ち上がらせると今度は足払いを仕掛けるや、これも球審杉村、座り込んでエスケープ。

球審と監督の目にも留まらぬ攻防に周囲が呆気に取られるなか、ベンチ裏では、審判団と田中義一専務による話し合いが行われていた。

この試合にはセ・リーグの鈴木龍二会長が視察に来ており「のちのちに提訴試合にしてもいいから」と、速やかに試合再開を促されていた。タイガース側は試合後に誤審が認められれば再試合にする旨を連盟に提訴する条件で、ひとまず松木が望み通りの退場。主将の金田正泰が監督代行となり、試合は判定通り真田の三振として、再開となった。

しかし事件はそれでは終わらなかった。ベンチには何食わぬ顔で藤村富美男が残っていたのである。そして、いつの時代もクライマックスは千両役者に回ってくるもの。試合再開後、二死ながら一発出れば同点の場面で4番藤村に打席が回ってきた。

ベンチ裏からは退場になった松木監督が慌てて代打を送るよう金田監督代行に指示するも
「ワシは退場と言われとらん」と藤村は物干し竿と称されたバットを携え、ジャジャーンと貫禄たっぷりに打席へと向かった。

「待ってました！」「日本一！」

球場のボルテージが最高潮に上がるなか、球審杉村、そこはやっぱり見逃さなかった。

「藤村、おまえには退場を命じてある」

「聞いとらんわ！　ボケェ！」

またしても揉み合いとなるのを合図に、興奮しきったスタンドの観客が「ふざけるな」「藤村の打席を見せろ！」と、グラウンドへなだれ込む。これはまずいと球審杉村が審判室に逃げ込むや、球場にいた警官隊・機動隊が一気にグラウンドに押し寄せる。

観客は藤村富美男を取り囲み、口々に激励の声をかけていたと思ったら、誰からともなく、わっしょいわっしょいとワシらのスーパースターを胴上げし始めた。

「ありがとう。ありがとう。気持ちはありがたいが、早くスタンドに上がってくれ。試合ができなくなってしまう」

そんな藤村の声にも感激し、さらに暴走したファンたちはもはや収拾がつかなくなっていた。1時間7分にわたる中断の後、試合続行は不可能と判断した審判団は、タイガースの歴史上初めてとなる放棄試合を宣告。0対9での敗戦が決まった。

この試合の後日談として、藤村富美男は「球審に退場とは言われとらん。ベンチを指差して『おまえは風呂にでも入っておれ』と言われたんや」と証言している。その上品さゆえに直接的な表現を好まず婉曲な言い回しで退場を伝えた球審杉村と、言葉をそのまま受け取ってしまった猛虎・藤村。実に哀しきすれ違いであった。

そしてこの「大阪球場事件」での責任を痛切に感じた松木は、事件の翌日に梅田の球団事務所に出向き、謹慎を申し出ることになる。事件のきっかけを作ってしまった真田重男は、なぜかこの翌日から真田重蔵《じゅうぞう》に改名した。それぞれの大阪球場事件であった。

松木と田中

内田の講義が続く。

「松木謙治郎は自分が辞めた後には藤村富美男に監督を譲るつもりやった。せやけど専務の田中義一は関大派や。後輩の御園生崇男を推していたわな。藤村と御園生の関係もよろしゅうない。松木・藤村と田中・御園生という対立構造が、この後のゴタゴタをさらにややこしくしていくんや」

松木謙治郎の腹は決まっていた。大阪球場事件での連盟からの沙汰がくだる前に、自らを無期限謹慎とし、代理監督に藤村富美男を立てて、そのまま監督を移譲する覚悟だった。しかし、球団専務の田中からの予想外の返答に拍子抜けしてしまう。

「松木くん、連盟の鈴木会長の話ではあまり重い処罰はしないと言っている。多分出場停止もなく松木くんが1万円、藤村が3000円ぐらいの罰金で済むはずなので謹慎なんてする必要はないだろう。明日からも試合に出てほしい」

翌日からはドル箱のカードである首位巨人との三連戦が控えていた。球団の興行的には、松木とスター藤村には試合に出場してもらいたい事情はわかるが、松木にもメンツがある。それでは世間様に顔向けができないからと、再度謹慎を願い出た。

「いやいや。松木くん。この問題は提訴中であり、しかも罰金で済む軽い話だ。気にせず明日からも試合には出ましょう」

結局、田中に押し切られてしまう形で、翌日からの巨人三連戦に松木と藤村は出場する。人気カードに加え、2日前に大立ち回りを演じた2人を見ようと、大阪球場は超満員に膨れ上がった。さらに渦中の藤村は2本の本塁打を放つ活躍で、タイガースは2勝1敗で勝ち越した。球団としては最高の結果である。

ところがその翌日だ。セ・リーグから松木と藤村に正式な裁定が言い渡される。量刑は田中の言うような軽いものではなかった。松木には〝2回にわたる球審への暴行と放棄試合に至る空気を醸成した〟という理由で5日間の出場停止と制裁金3万円の処分。藤村は〝暴行によって退場処分となりながら素知らぬ顔で再出場して打席に着こうとし、放棄試合の原因を作った〟という理由で20日間の試合出場停止と制裁金5万円という重い処分が言い渡された。

「ウソばっかりやないけ……」

これにより松木が必死に守ろうとした、足掛け9年続いていた藤村の連続試合出場の記録が、1014試合でストップしてしまった。

「なぜ、こんな事態になってしまったのか。あれほど重い処分にはしないと言っていたじゃないか！」

次節の中日戦の遠征先である名古屋の香取旅館で、松木は同席した金田正泰主将、青木一三《いちぞう》マネージャーとともに、田中に詰め寄った。この席に藤村はいない。処分のショックで汽車に乗り遅れてしまったという。虎は繊細なのだ。

「われわれの言い分は聞かずに、頭から審判をかばうのはおかしい。あの日、セ・リーグの鈴木会長ですら、提訴して再試合にすればいいと言っている。しかも事件の種をまいた審判の処分をうやむやにされてはファンへの公約をも裏切ることになる。阪神がリーグを脱退するという切り札を行使してでも交渉すれば、リーグも聞く耳を持ってくれるに違いない！」

喧々囂々《けんけんごうごう》、3人から責め立てられた田中は「いやいや、鈴木会長が大丈夫でも、ほかのところから強硬な意見が出ていてね……」と、しどろもどろになりながら、球団として抗議の声明書を出すことを約束しただけにとどまった。

そもそも、この時点で田中には一度裏切られているのだ。松木はシーズン終了を待って、タイガースの監督を正式に辞任した。

後継者には正統なる虎の血を受け継ぐ藤村富美男がその任を担うべきである。そのために2年間、松木は時を稼いできたのだ。監督を退任してからも球団に残り、監督となる藤村富美男ひいてはタイガースのために尽力したい。そう考えていたのだ。

ところが監督は岸一郎という発表があった。またしても裏切られたのだ。さすがに堪忍袋の緒が切れた松木は、２日後の深夜に田中のもとを訪ねている。

その翌日、スポーツ新聞にはこんな見出しが躍った。

〝松木謙治郎、タイガースと全面的に決別することを発表〟

まさかの退団だった。

クセ者揃いのタイガースがひとつのチームという形でまとまっていたのは、松木という強力なリーダーがいたからだ。その束ねていた留め具が外れたらどうなるか。

松木は後年、雑誌の対談でこの時の事情をこう語っている。

「田中氏は悪い人ではないが、おとなしすぎるというか、言うべきことをはっきり言わない。その半面、自らの保身に走り、約束したことを後からひっくり返したり、口と反対のことを裏で平気でやる。今度の場合もぼくに球団に残って欲しいと言いながら、タイガースのみんなに監督を退任することを発表する時には挨拶もさせてくれない。親会社には『松木は退団する』と言っているからね。その時ぼくは本当に怒って一切タイガースと縁を切るから、あんたから選手に報告して後は好きにやってくれと言ったんです」

ウソつき。なんという狡猾さであろうか。球団専務である田中義一はこの時50歳。「おらが大将」とあだ名され、飾らない人柄で大衆から支持された宰相と字面は同じでも、「経営手腕は高いがトップとしての器が小さく力量不足」「口下手のうえに弱腰」「優柔不断にして決断力に乏しい」など、キャリア後半におけるその評価はなかなかに手厳しい。

それでも、20年前に大阪タイガースが設立された際の立役者であり、創成期の功労者であることは疑いようもない。

大阪生まれである彼の人生は〝関西にプロ野球の球団を作ること〟を悲願としていた。関西大学では選手として活躍し、卒業後にはＯＢ会「関大倶楽部」の理事長を務める一方、親戚の家である清荒神《きよしこうじん》清澄寺《せいちょうじ》から宝塚を結ぶ「清宝バス」を立ち上げる。１９３５年の春に最新鋭の大型球場、甲子園を持つ阪神電鉄にこれを売却。「関西にプロ野球団を作らないか」と常々持ちかけていた阪神グループの一員となる念願を果たした。

同時期には読売の正力松太郎の意向を受けた市岡忠男から「大阪に球団を作らないか」という働きかけもあり、同年12月10日、阪神電鉄の冨樫興一を専務に、田中は常務となって、株式会社大阪野球倶楽部が発足する。

当初、田中は自身の出身大学である関大のＯＢや関西出身の選手を中心にした〝関西のチーム〟づくりを目指した。しかし電鉄内からはブランド力のある六大学系の人材を推す勢力が多く、田中はチーム設立を最優先とし、電鉄の意向通り初代監督に早稲田大学出身の森茂雄を起用。森はわずか15試合で更迭されているが、阪神の今に続く早稲田好きはこの時に決まったのかもしれない。

田中はその後も戦前から戦中にかけての厳しい時期を常務として支え、今にも消えてなくなりそうなタイガースの灯を守り育ててきた。彼もまた猛虎魂を胸に灯す、虎の人であった。戦後となり1952年には病気療養で休養した冨樫に代わって、専務取締役に就任。1950年に若林忠志らが毎日へ大量移籍しタイガースが傾いた際には、松木に泣きついて球団への復帰を訴えるほど、当初は松木とも蜜月の関係といわれていた。

だが、それから4年。2人の猛虎愛はいつの間にか別の道を示すようになっていた。この年の頭のことである。

「松木くん、選手から遠征時に麻雀ぐらいやらせてほしいと要望が来ている。監督から選手の私生活に口出しすることは控えてくれないだろうか」

「冗談じゃない。去年うちが中日に勝って2位になれた要素は、試合後の麻雀で体力を使わなかった差ぐらいだ。これを勘違いして解禁などしたらすぐにひっくり返されるぞ」

「いや、でも選手が息抜きをできないと嘆いている」

「選手の言いなりになるのか！」

互いに言い分は譲らず。すれ違いが続くなか、この夏の大阪球場事件で2人の信頼関係はさらに溝が深まってしまった。

そしてトドメとなる出来事が、松木が退任を発表する2週間前の10月30日に起こった。この日は中日と西鉄（現・埼玉西武ライオンズ）による日本シリーズ第1戦である。名古屋へと向かう近鉄の車中、田中は乗り合わせた松木にこんな話を切り出したのだという。

「読売の三宅正夫くんは老後に養老院へ入るそうだが、僕が今阪神をしくじったら妻子を抱えているので養老院にも入れず首をくくらなければいけない。松木くん、監督退任後は副代表として僕を支えてくれないか」

そんな言葉に人情家の松木はほだされてしまうのだが、その裏で、田中は本社に「松木は監督退任と同時にタイガースを退団する」と報告しているというのだ。さらには「次の監督は藤村」と松木が常々訴えてきたことを無視して、独自に監督交渉を始めていたというから、開いた口が塞がらない。

清々しいほどの二枚舌である。監督交渉は、最初関大の後輩でもある御園生崇男に持ちかけたが、御園生は体調面での心配もあってこれを辞退。すると今度は大映スターズの監督である藤本定義にセ・リーグ鈴木龍二会長を通じて極秘裏に接触する。

ライバル巨人軍の初代監督にして第一次黄金時代を築いた名将中の名将は投手出身でもあり、タイガースが求める人材として最適任ではあった。だが同じように古巣の巨人、そして優勝した中日が投手コーチとして熱心に欲しがり、大洋に至っては監督として藤本を迎え入れようと動いていた。田中はこれを出し抜くべく藤本に破格の条件を提示し「考えておく」

と好印象の返答をもらっている。

一時は9割方タイガース入りに傾いていたという。しかし、大映・永田雅一《まさいち》オーナーからの熱烈な訴えにより、藤本は一転残留を決めてしまう。田中は松木を締め出すことには成功したが、肝心の担ぐべき次の神輿を見つけることができなかったのだ。

そんなところへ、オーナーの野田誠三、御自ら球団人事に乗り出してきたのである。その決定はまさに上意。田中にとって首元が涼しくなったのは、あさっての方向から岸一郎という30年も昔の人物を担ぎ出されたことだけではない。さらにお目付け役として、電鉄本社から下林良行が常務取締役の肩書を持って送り込まれてきたのだ。

この人事の最もおそろしいところは、タイガースの監督人事に野田誠三という、のちの世で〝歴代最高のオーナー〟と讃えられし大きな山が初めて独断で関与してきたことだ。

野田オーナーは現場介入の元祖でもあった。

歴代最高のオーナー

「ぼくもタイガースのお家騒動については紙面で散々書いてきたけどな。タイガースっちゅう甲子園のド派手な舞台のやることに関しては〝奥の院〟にいる本社の上層部が常に目を光らせとるんよ。1985年、吉田さんが日本一になった時の本社取締役。のちの球団社長にもなる三好一彦さんはかなりできる方やった。その人ですら、何度も久万オーナーに苦汁を嘗めさせられてきたんや。『ぼくだって本社に逆らうようなことしたら〝明日から出てこんでええわ〟でしまいですわ』というてな。この時から、ずっとそうなんや。最終的な決定権は本社にあるという権力の所在が明らかになった。結局、歴史を見返しても、本社・球団・現場が三位一体、一枚岩になれないと勝つことは難しいんやろな」

1954年11月。ついに山が動く。阪神電鉄の社長として関西実業界での勇名を轟かせ、タイガースの第3代オーナーになった野田誠三。この時、岸一郎の2つ下の58歳。

京都帝国大学工学部から阪神電鉄に入社して2年目の1924年に甲子園球場の設計主任者を任されると、天才的な計算力と莫大な推進力をもって、日本で初めて近代的な大型野球場『阪神甲子園球場』を完成させたことでも有名だ。

「タイガースのオーナーは、歴代本社の会長・社長が務めとるんやけど、初代は松方正雄いうてな。明治の元勲、松方正義の息子よ。これはもう貴族や。悪いことというやつ誰もおらん。宝塚の大邸宅に選手を呼んで、松茸狩りやらせて、すき焼きでパーティーしてな。2代目の小曽根貞松は1年ぐらいですぐ辞めてしもうた。3代目からや。野田誠三からはオーナーの意味がまったく違う。22年もの長い期間、オーナーをやるんやけど、甲子園の貴賓室でもよく試合を見に来ていたわな。タイガースへの愛情はある人や。大の村山実びいき。ただ、口出しすぎなところは否めんわな」

この野田誠三は、もともと野球にはさして興味を持っていなかったという。しかし時は2リーグ制が誕生する前夜の1949年。その後のタイガースの命運を決することになり「裏切り」とも蔑まれた重大な決断を委ねられることになる。

この日本プロ野球のその後の体制を決める球界再編の事案。巨人を中心とした新聞派（セ・リーグ）vs新規参入する「毎日」を含む電鉄派（パ・リーグ）で2リーグに分かれ、タイガースは電鉄派に入る密約書を交わすも、土壇場で「阪神は巨人と行動をともにする」とこれをひっくり返す。読売が参入させたくなかった（ただし、この時公職追放されていた正力松太郎は参入を画策している）商売敵の毎日をプロ野球に参加させたうえで、ドル箱カードの巨人戦を失わないセ・リーグ側に残るというウルトラCを仕組んだ。

姫路のボンボン育ちといわれながら、当時は電鉄本社の担当役員として密約書の調印を交わす際に「私はハンコを押しましょう。冨樫はどうか知りまへんけどな」とやって、球団の冨樫専務を雲隠れさせるという悪代官顔負けの謀略を仕掛けた胆力。のちに野球殿堂入りするほど、野球に情熱を持った〝やるときはやる〟決断力と実行力、それゆえの困った現場介入力を持った腕利きの経営者である。

野田が本格的に野球にのめり込んでいくのは、この2リーグ制の英断を果たした1949年以降といわれている。

「まぁ、このへんから野田誠三が野球に口を出し始めてきたことも、当時の時代背景が大きいやろな。それまでの阪神電鉄は野球どころやなかったんやから。この本、知っとるか？」

そう言って内田は古い本を開いた。『輸送奉仕の五十年』という、ちょうど岸一郎が監督になった1955年4月に阪神電鉄が出した社史である。この本には阪神電鉄の成り立ちから、甲子園球場、タイガースの誕生までが詳細に記されている。

「太平洋戦争時に米軍からの爆撃で阪神電鉄は、電車は燃やされてしまうわ、線路は傷むわで、大打撃を受けたんや。そこから戦後になって、まずは人々のライフラインを復旧させなあかん。鉄道からなんとか立て直していくんやけど、野球どころやないから、タイガースは随分と辛抱させられた。藤村富美男の給料だって、巨人の千葉茂や青田昇よりも低くされとったんよな。〝ケチ＝阪神〟ってのは、その頃の名残やろな。今でもたまに言う人おるやろ。だいぶ待遇もよくなっとるのに」

『輸送奉仕の五十年』によると、太平洋戦争で、阪神電車は私鉄で最大となる甚大な被害を受けたとある。大阪―神戸間を結ぶ重要産業地帯を走る阪神電車は米軍の格好の標的となり、1945年3月13日に尼崎の本社事務所が全焼したのを皮切りに8月6日に甲子園球場が爆撃されるまでの約半年の間に、停留所の焼損22箇所、車輌の焼損99輌、線路は59キロ、電車線や電線などは109キロが損壊するなど、徹底的に痛めつけられた。終戦時には、阪神電鉄が保有する全車輌のうち約2割しか動ける電車はなく、鉄道としては全身不随に近い状態にあったという。

ただ、そこからの復興が奇跡的だった。終戦からわずか半年で車輌の半数が復帰すると、年末にはどこよりも早く急行運転を再開。車輌も5年間で96パーセントまで復活させるなど〝阪神間の大動脈〟たる阪神電鉄を見事に蘇らせた。その功労者たる野田誠三は1951年に若くして阪神電鉄の取締役社長に就任すると、翌年にはタイガースの第3代オーナーに就任している。

「ちょうどその頃やんか。そんだけしんどかった戦後復興がようやっとひと段落した1950年代。野田誠三も電鉄の社長になって、タイガースのオーナーになって、やっと余裕もできてきた。さぁ野球にも目を向けてみようか。まさにそんな時に岸一郎が監督に就任する。しかも初めて本社の意向で決めた監督や。どう思う？　おかしな人事に見える分だけ、野田誠三が、オーナーとしての権力を発動し出したという狼煙《のろし》に思えてこんか？」

1954年秋。松木謙治郎が大阪球場事件の責任を取って監督を退任し、後任の監督人事で田中義一が迷走する。そんななか、独自に動き始めた野田に、プロの世界ではまったく名前を知られていない岸を推薦した人物はいったい誰だったのか。

のちに事業部長として〝タイガースの生き字引〟と呼ばれる奥井成一《しげかず》は「鉄道省あたりから押しつけられ、断り切れなかったのでは」と書き残し、セ・リーグ会長である鈴木龍二も自著で「満鉄と鉄道の関係で、野田オーナーの考えで決まった人事であった」と断言しているところをみると、鉄道関係者からの口添えがあったことは間違いなさそうである。

「岸が監督に抜擢されたきっかけは奥井成一さんらが書いとるように、野田誠三が運輸省やら満鉄やらの関係から紹介されたことは間違いないやろな。ただ、それとは別にな。岸が手紙をいくつも書いて、その内容に野田誠三が感銘を受けた……という説も、ぼくは有力だと思っとる。なぜって野田誠三に手紙は効くんや！」

野田誠三は手紙に弱い。まるで大リーグボールを見破った花形満のように内田は断言した。確かに現存する野田誠三からパルナス製菓の社長に宛てた手紙などを見てみると、豪放磊落《らいらく》な人物なれど、その残された崩し文字で書かれた繊細な書面を見れば、驚くほど達筆で、筆まめな人物であったこともわかる。

「小山正明のプロ入りには、書道の師範だった父親が野田に『入団テストを受けさせてほしい』と手紙で訴えたところから始まったなんて話もある。それだけやない。昔、ぼくの原稿をよく読んでくれていた熱心な読者の方で、岩本さんというタイガースファンのおっちゃんがおったんや。去年亡くなってしもうたんやけど、以前はいろんなところによく投書しとってな。野田誠三宛てにも『若手をもっと登用すべし』とか『あの選手はこういう傾向がある』なんて、しょっちゅう提言をしとったんや。驚いたのはこれにも野田はちゃんと返事を書いて寄こすのよ。ぼくも見せてもらったけど『貴重なご意見ありがとうございました』ってちゃんと手書きでね。こういう素人の意見にもちゃんと応対するのをみると、やっぱり手紙というものを、野田誠三は大事にしとったということがわかるやろ」

岸一郎も野田誠三とは幾度も書簡のやり取りをしていたことはわかっている。そこには、タイガースの古い血を入れ替え、若いチームに生まれ変わらせるための改革論。前述の甲子園歴史館に記述のあった『タイガース再建論』がしたためられていたようだ。

監督に就任した1954年秋より以前の岸一郎と手紙について調べてみると、浪人時代の岸から野球関係者宛てに自薦の手紙が寄せられたという証言がいくつか残っていた。

文芸評論家にして異色の野球評論家として当時の野球メディアの最前線で筆鋒鋭い意見を寄稿していた大井廣介《ひろすけ》は、『ベースボールマガジン』(1955年1月号)の誌上で岸一郎についてこんな告白をしている。

「ぼくは松木さんが退任したら、藤村が監督になるのが順当だと思うけどね。いくら藤村がどうだこうだといっても、少なくとも30年野球界から離れている人よりかはましだろう。それと、ぼくはずっと前にいっぺんだけ岸一郎から手紙をもらったことがあるんです。その時驚いたことは、岸はその手紙に自分のことを〝硬骨漢〟と書いているんだ。硬骨漢などという形容詞は第三者がある人の性格や行動を評していう言葉でしょう。それを自分で言うんだからね（笑）。その時に私は岸さんという人がどういう人かわかって、失礼だったけれども返事は出さなかった」

硬骨漢とは「気骨のある男」「権力に負けず自分の意志や信念を貫ける男」という意味だ。しかしこの岸からの手紙の内容は、大井が見破った通り少々謙虚さに欠けるというか、うさんくささが滲み出ている。

さらに、3年ほど前には洋松《ようしょう》ロビンス（現・横浜DeNA）の名将であり、明治大学の主将として大学時代に対戦経験もある小西得郎監督にも「プロ野球の監督を手掛けてみたいから一度会ってはいただけないか」と自身を売り込む手紙を送っている。

この時、小西は完全に手紙を黙殺しているが、岸はそれでも諦めていない。当時の洋松は、大洋と松竹の合併によって経営は混乱しており、監督も両チームから1年ずつ交代で出すという奇っ怪な取り決めをしていた。岸一郎はここに可能性を見出していたようで、タイガースの野田オーナーと面談する前にも、洋松ロビンスを辞任した永沢武夫監督の跡目を狙って売り込みをかけていたという。

残念ながら球団に誰も岸一郎を知っている人間がおらず、この話は頓挫した。新監督には選手兼任監督で藤井勇が就任するのである。なるほど、そうなると就任時に本人の口から語られた〝大洋ホエールズの木下検二代表も監督として自分を狙っていた〟という談も実にあぶなっかしい。

このことから、岸がもともとタイガースのファンで愛するチームを救いたい一心から訴状を出したわけではないことがわかる。この〝岸一郎からの手紙〟は、同郷の松木謙治郎のもとにも当然のように送られてきていた。それだけにとどまらず球界関係者のあちこちから「そういえば俺にも来た」「うちにもあった」と、まるで不幸の手紙のように恐れられたというのはウソかまことか。

それでも、バットを振り続ければいつかは当たるのである。しかもそれが、タイガースのオーナーという超大物に刺さってしまうから人生は面白い。

これもまた言い方こそ悪いのだが、現代までも繰り返される詐欺師の手口、いや営業の必勝法によく似ている。読者の皆様は、毎日毎日、パソコンを開けばなんでこんなにバカバカしい、それこそお花畑のような誘惑の詐欺メールが大量に送られてくるのだろうかと不思議に思うだろう。しかし、太古の昔から、ヘタな鉄砲も数撃ちゃ当たるという格言は真実である。以前、ある詐欺師に取材をしたことがあるのだが、彼はこんなことを言っていた。

「それがどんな突飛な売り込みであったとしても、100人にひとり、いや1000人、1万人にひとり、それを天命に感じるほど甘美な誘いに見えてしまう、どんぴしゃの環境に置かれた人はいる。ニーズは、どこに隠れているのかわからない。だから私はできるだけ大量のメールを送るのだ」

まさに岸一郎は、この時の大阪タイガースのお家事情にどんぴしゃだった。松木謙治郎という総大将を失い、藤村富美男という爆弾を残した現場からは、どうしようもなく不穏な空気が漂っていた。チームのことを考えれば投手出身の監督が欲しいが、御園生崇男にも藤本定義にも断られた。かといってタイガース稀代のスターである藤村富美男を監督に据えるには、チーム力はまだ整っていない。それどころかチームのなかには「ワンマンの藤村とは一緒にやりたくない」「藤村が監督になるなら移籍する」とこぼす選手もいて、彼らを抑える鎮静剤でありながら、力の落ちてきたベテラン選手から若手へと切り替えるイヤな役回りを買って出てくれて、とどのつまり藤村富美男につなぐまでの捨て石になっていただける……そんな都合のよすぎる監督はいないものか。

そんなところへ『私なら今の動脈硬化を起こしかねないタイガースから古い血を入れ替え、新たな健康体に立て直すことができる』と豪語する野球人から手紙がやってくる。しかもその人は鉄道関係で過去に知己を得た人物で、野球理論にも精通しているときた。

大阪タイガース野田誠三は、岸一郎という人物に飛びついた。

それはまったく無理もないことのように思えてくる。

そしてこの岸一郎という毒饅頭が、老いた虎たちをほぼ全滅させるきっかけとなっていくのである。

タイガースの指揮官となった岸一郎の堂々たる姿　（写真＝遺族提供）

第2章 ベテランを殺す

精密機械

「岸さんが監督の時は、ぼくはタイガースに入って3年目です。年齢で言えば20歳。言ってみりゃあ鼻たれ小僧ですわ」

通算勝利数３２０勝。〝精密機械〟の二つ名でタイガースの大エースとして時代を築いた小山正明が快活に笑った。あれから六十余年。小山は矍鑠《かくしやく》とした語り口で、当時を懐かしむ。とてもお元気そうだ。

「おかげさまで元気ですよ。これも親からもらった身体《からだ》のおかげやね。これがあるからいくらでも投げ続けることができた」

そう言いながら飲むコーヒーはお湯で薄めていた。現役時代から酒量も控え、真夏でも熱いお茶を飲むなど、プロとしての体調管理をしっかり整えていたという小山の、伝説の名投手たる側面が見えた気がした。

「岸さんはとにかく温厚な人であったということ。それが一番覚えとる。あの当時のタイガースは特に厳しい先輩たちばかりだったけれど、岸さんからは何か厳しいことを言われたこともなかったんやないかな。まぁ、毎日が必死でしたから。特にぼくなんかはテスト入団やったからね」

小山は兵庫県明石の出身。野球では無名の高砂高校から1953年にテスト入団でタイガースに入っている。テストを受けた経緯は前述通り、書道の師範だった父・英一が、手紙を書いてお願いした。

「そうそう。その前の年の秋ですわ。親父が書道の師範でね。『息子に入団テストを受けさせてやってほしい』と一筆書いてくれたんやね。球団オーナーの野田誠三さん。この人、ちょっと遠い親戚に当たるんですわ。それでシーズンが終わった後に、甲子園で練習しているところへ参加させてもらったんですよ」

テスト当日。甲子園のマウンドからボールを投げてみろと言われ、小山が一生懸命にボールを放っていると、ネットの裏に松木謙治郎監督や藤村富美男ら、錚々たるメンバーが集まってきた。

「こんなもん、かなわんなぁ……」

そう思いながら全力でボールを投げ込む。バシーンとキャッチャーミットを叩く音にまじって「いい球放るやないか」という誰かの声が聞こえた気がした。

「よしよし。いけるんちゃうか」

これで俄然やる気になった小山は2球、3球と気持ちよく投げ込んだ。

手応え十分で終えたテスト。帰り際に「合否は後日通達します」と確かに球団職員から伝えられたのだ。しかし、その後は連絡が途絶えた。年末になっても年が明けても音沙汰なし。明石のお城の下でキャンプを張っていた洋松ロビンスのテストも受けてみたが、まだ来ない。さすがにもう落ちたのかと諦めていたら、キャンプイン直前の2月。タイガースから一枚のハガキが届いた。そこには「採用」と書いてあった。

契約金なし。月給5000円。それでも飛び上がるほどうれしかった。明石の実家から電車で通う打撃投手兼任の練習生となった小山は、当初はまったく期待されていない雑用係のような扱いだった。

「練習生は二軍の公式戦にも出られない。打撃練習とオープン戦ぐらいですよ。それでもタイガースのユニフォームを着られるというので舞い上がってしまってね。一生懸命に投げていたら、夏には一軍に上がれるようになった。そやけど、合宿所に入ろうにも合宿費も払えへん。だから明石の実家から電車で通うんや。辛かったのは難波にあった大阪球場での試合やね。あそこでナイターやった時には、明石行きの最終電車がギリギリで、用具係なんかもやっとるもんやから、間に合わなくなる」

一軍へ上がってからは、試合前の打撃投手として毎日300球近く投げ込んだ。当時の名だたるベテラン野手たちが小山のコントロールの師だ。狙ったところへ投げられないと、金田正泰や渡辺博之から「おまえストライクも放られへんのか！」と怒鳴られた。藤村富美男はもっとおそろしくて、ボールが外れると無言のまま打席を後にしたという。小山にとってはこの地獄に比べれば、まだ試合の方が気分は楽だった。

「当時のベテラン選手たちは、ホンマに迫力があった。試合前の打撃練習はバッティングピッチャーなんておらんですから、若手のぼくらが投げるんです。1時間ぐらい平気で投げて、その後ベンチに入って試合でも投げる。先輩に話しかけることもできないですよ。ただ『投げろ』言われたら投げる。ひたすら日々それの繰り返しですわ。けど何が幸いするかわからんね。おっかない先輩たちの要求に応えようとしていたら、次第にコントロールのコツを覚えるようになっていくんや。今の若いピッチャーにそんなことやらせたら何言われるかわからんけどな」

この状況でも1年目から5勝を挙げているのだから、さすがとしか言いようがないが、それでも精密機械と喩《たと》えられたコントロールが開花するのはまだまだ先のこと。

「それで……なんやったっけ？　そうそう。岸さんやったな。うーん……何かを教わったかは覚えとらんけど、とにかく温厚な人やったってことよ」

手のひら返し

1954年11月。大阪タイガースの新監督に還暦の岸一郎が就任したというニュースを、スポーツ新聞が好意的に捉えていたのも束の間のことだった。

〝30年のブランクがあるうえに、プロの経験がない大正時代の野球選手。現代の野球とは感覚がズレている〟

そんな調子で、各新聞や評論家たちの岸監督への評価は一転、辛辣さを極めていた。それというのも、やはり就任会見の際に、岸一郎が「全幅の信頼を得ている」と豪語していた松木前監督からのあからさまな拒絶の態度があまりにも大きかった。

トドメを刺すように、松木はつい先日まで「タイガースの監督は辞しても、球団に残って力を尽くしたい」と語っていた内容をぐるりとひっくり返し、あれだけ愛していたタイガースとの決別を宣言。これは〝岸と田中に協力はしない〟という宣言に等しかった。さぞかし肝を冷やしたであろう岸一郎は、戸惑いながらこんな言葉を残している。

「私の方から会社側に対しては何も言うことはない。まだ松木君と会っていないので果たしてどういうことになっているのかわからないが、問題が複雑なだけに今口出しをしては、かえって迷惑を及ぼすので、しばらくは松木君とは会わずに静観します」

岸をはじめ球団関係者から漏れ伝わってくる微妙な緊張感に、周囲は何も言わなくとも不穏な状況を察知していた。

さぁ、これで困ったのが、就任当時に岸一郎を大絶賛してしまった評論家の中澤不二雄。日を追うごとにみるみる落ちていく岸の評判に、肩身の狭い思いをしていたのか。旗色の悪さを挽回しようと日刊スポーツ紙上で「私はよくわからぬまま書いてしまっていた」と、豪快に手のひらを返した。その心からの叫びを再び以下に抜粋する。

〈わたしは紹介のつもりで書いたので岸が名選手であったこと、30年近くも野球を離れてはいるがきっと何とかやっていくだろう……と、やったのは褒めすぎたかなと、考えざるを得なかった。それほど他の記事は評価が低く、とんでもない人が出てきたものだというのが多かった。

注意して選別したら、褒めたのは私と内村祐之《ゆうし》とサトウハチローの三人だけで、内村さんは投手としての岸を褒めたのだから、前途に期待しようと言ったのは、ハチローさんとわたしだ。するとハチローさんが『あなたは岸に期待していたが本当か？　そして今でもそう思っているのか？』というので、わたしも『そういうハチローさんはどうなんだ？』と問い返す。

二人の意見は……就任したらじっくり落ち着いて阪神をよく研究する、全員をよく理解しうまく使っていく腹案を立てる……ならばやっていけると見ていたのであるが……世間の批判に腹を立てたり、『藤村といえど当たらなければ引っこめる』などと大見得を切ったり（これは内部でも不評で、まだ顔も知らぬうちから、つまらぬ虚勢はやらぬ方がいいという声があがっている）しているのをみると少し心配になってきた……ということで一致したのであった〉

なんという歯切れの悪さであろうか。これが、就任時に「勝負の鬼！」「卓越した理論派！」と手放しで大絶賛した論者と同一人物だとはとても思えない。

タイトル的な大見出しは「指導よりもまとめよ」である。この記事の続きには、岸一郎を知っている満鉄の人々が「岸が世に出たのはうれしいが、前途が心配だ」と口々に心配しているという逸話も紹介されていた。ただ、中澤も絶賛していた岸の就任時の記事のなかで「人心を大きく掴んで全力を発揮させるのが課題」と書いていた。知る人は皆、思い当たるのだ。岸一郎に懸念を抱かせる何かしらの欠点に。

中澤はさらにこう続ける。

〈岸は孤高性が強く、融和の点に欠け、若い者に好かれる要素が少ない。齢六十になれば人として円熟するはずである。岸の時代の十人や十五人でやっていた野球。名投手として崇められていた野球観では、現代の六十名からなる大所帯の野球に対処はできない。まずは一年間何も言わずに選手とともに歩み、練習・試合をつぶさに観察し、研究してから発言することが、野球から遠ざかっていたものの取るべき道ではないか。

阪神には藤村もいる。御園生もいる。河西も金田もいる。指導することよりまとめることに気を入れて立ち上がらせること。さらには従来の補強熱の低さを吹き飛ばし大いに強化する体制を整えることが新監督の課題であると思う。

あせるな。物を言うな。しっかりしたものを掴め。大阪神への確固たる腹案を立てよ〉

随分と逼迫した物言いだ。何かしらの危険を察知していたのだろうか。「何もするな」「何も言うな」「よく見てから考えろ」。厳しい言葉が並ぶ。だが、そこは一流ジャーナリストとして野球の世界を知り尽くした男、岸がこのまま言葉や態度を改めなければ、近い将来立ちゆかなくなる確信があるうえでの諫言なのだろう。

ちなみにこれは余談であるが、中澤は数年前にかつて岸一郎と満洲でともにプレーした先輩、近鉄の猪子《いのこ》一到《かずゆき》オーナーから「岸の就職先を探してほしい」と頼まれ、あちこちに声をかけていたことがあったという。

その時の中澤はまさか岸が望んでいるのが野球関係だとは思わずに、事務系の仕事を紹介したそうだ。一般的に「年齢、球歴、知識、経験など大阪神の監督たる資格充分」と心から評する人物に事務職は紹介しない。やはり就任時の紹介文は筆がすべり気味であった。

就任してわずか数日。采配どころかグラウンドに出る前、いやユニフォームに袖を通す前に、岸一郎はメッキを剥がされかけていた。残されたチャンスは、グラウンドでの監督としての手腕。そして岸一郎が野田オーナーより監督として与えられたミッション「若い投手の育成」と「古い血の入れ替え」。それを完遂することだけが、岸一郎が生き残る手段になっていた。

「新聞雑誌などでは時代感覚にズレがあると言われているようだが、野田さんから見込まれ、男意気に感じている。チームの全権を委ねられてまったく感激しているし、球界への最後のご奉公として責任は重いが必ずやり遂げる」

岸は改めて断固たる決意を胸に宿すのであった。

顔合わせの大演説

就任会見から5日後の11月29日、午後12時30分。

大阪梅田新道にあるレストラン「ヘンリー」にて、岸監督と藤村富美男、金田正泰ら選手30名による初顔合わせが行われた。

この日に先立ち、松木がタイガースと決別したニュースが報じられていたため、投手コーチの御園生崇男や、田宮謙次郎、白坂長栄《しらさかちようえい》などの松木を慕う中心選手が、これを追って退団するのではないかと懸念されていた。だが、特に親しかった金田正泰は、この会の前に報道陣に対して退団を完全に否定している。

「松木さんには私生活まで面倒を見てもらい重々恩義を感じています。個人的に親しかった私がタイガースを去るとも報道されていましたが、私とてタイガースを愛する身。タイガースを去る気持ちは毛頭ありません。それがタイガースを愛した松木さんへの恩返しになると思っています」

この日の会合にも全員が出席し、晴れて中心選手たちがこの顔合わせに揃った。噂の岸一郎を見るのはこれが初めてである。

「完全なじいさんじゃないか」「思ったより上背があるな」「あれで本当に大丈夫なのか？」

そんな話を囁く選手たちを前に、田中専務から紹介を受けた岸一郎が席を立つと、静かに所信表明の大演説を始めた。

「このたび、タイガースの一員に加えていただいたことは終生の感激であります。おこがましいながら、ベースボールというものは、集団競技であり、勝たなくてはなりません。そのための第一条件としては〝人の和〟です。これの集結があって、はじめて目標が達成できるのです。第二の条件は心身を鍛え、技術の研鑽にあります。第三に選手は選手、私は私でそれぞれ会社から約束された責任を、誠心誠意果たす立場に置かれていることを自覚するべきなのです。

年齢からいえば選手諸君はかわいい子供です。しかしかわいい子には旅をさせる。獅子も千尋の谷へ落とすといわれているように、かわいければかわいいほどムチ打つ心づもりです。ひとたびグラウンドに立てば、絶対甘やかしたりはしません。今後プレーするには私から〝さん〟づけはしないし、下から出るようなものの言い方もしない。ニックネームか呼び捨てでいきます。野球は敏速を尊ぶ競技です。かのジョー・ディマジオですらミスタージョーではなくジョーなのです。野田社長は私に長期契約を申し出てくれましたが、私は1年で目標をやり遂げたい。選手諸君、これから助けあい励ましあって目標達成に邁進してもらいたい」

岸一郎の演説からはすでに現状に対する危機感と目的意識、そしてほのかなアメリカ信仰が感じ取れる。

第一に求めたのが「人の和」だ。これはもうこの時点で明らかにチームがぐらついていることからもわかる。第二が「自分のやるべきことをやる」というプロとしての自覚。甘えを排し、1年という短期間で岸が求められた結果を出さなければその後はないという覚悟もあったのだろう。

「ビシビシとやっていく」と思いのほか迫力ある岸老人の言説に、並み居る猛虎たちは「このオヤジ吼《ほ》えよるわい」と内心ピリリと緊張感がみなぎったという。なかには「ニックネームで呼ばれるならば今から作ろうか」なんて軽口を叩く者もいた。

この日のミーティングが終わったのち、岸は口が滑らかになっていたからか、新聞記者に対して上機嫌でこんな話をしている。

「とにかく野球は投手。タイガースは投手陣に頑張ってもらわないと勝負にならない。どうしても完投できる投手を4人は欲しい。しかし現有の手持ちでは寂しいね。大型の選手は見当たらないが、ベテランの藤村、梶岡、真田あたりは肥えすぎているようだ。プロならばこちらがやれと言わなくてもわきまえているはず。それでやれない人がいるならば斬り捨てていくしかない」

この岸の声を耳にした一部の選手からは「ベテランにも言いにくいことをハッキリ言ってくれる。なかなかやり手じゃないか」とこれに感心するような発言もあったが、名指しでやり玉に挙げられた藤村富美男・隆男の兄弟に、梶岡忠義、真田重男改め重蔵あたりは面白いはずがなかった。

またしても、余計なことを口走ってしまったのか。それともこれも戦略だったのかはわからない。ただ、この時点ではまだチームの核に踏み込めていないことだけはわかった。なぜならこの日の顔合わせ。岸一郎は藤村富美男らと挨拶こそすれ、野球の話はほとんどしていなかったからだ。

藤村富美男

「虎ですよ。顔を見たことありますか？　本物の虎とおんなじ顔をしとるんです。藤村富美男さんは、本物の虎ですよ」

吉田義男は、彼に会った人であれば「皆同じことを口にする」と言う。

「虎ですわ。圧倒的に怖かった。常に近寄りがたいオーラを出していて、怒られるどころか、若手なんか口を利いてもくれません。声をかけられたらビクッと直立不動になっとりました」

87歳になった小山正明も、在りし日の藤村の圧倒的な存在感に思いを馳せては震えるようなそぶりを見せる。

〝ミスタータイガース〟藤村富美男。この年38歳。

タイガース八十余年の歴史において最も猛虎魂を感じさせる虎の中の虎。そして、岸一郎にとって監督としての生殺与奪の権は、この人物が握っていると言ってもよかった。

もしも愛するチームが危機に陥った時、己の利益や保身を断ち切ってまでチームのために命を懸けることができる人を、大衆は英雄と呼ぶ。

プレーを見た者の魂を奪い、熱狂の渦に巻き込む。それができるのが、多くの阪神ファンが「史上最高の選手」と口を揃えるスーパースター藤村富美男だ。

「出て行ったものが勝つか、残ったものが勝つか。はっきりさせようやないか」

１９５０年。タイガースが二つに割れた日。若林忠志と別当薫、土井垣武ら大量の中心選手が毎日オリオンズに引き抜かれた時に、タイガースに残った藤村は、そんなしびれる煽り文句を言い放った。

猛虎、猛人、闘将、阿修羅。彼の生き様を形容する言葉は数知れず。

通常より8センチも長い94センチ（37インチ）の〝物干し竿〟と呼ばれるバットを振り回し、本塁打王３回。通算２２４本の本塁打を放ち、タイガースの黎明期には投手としても支え、戦後はダイナマイト打線における不動の４番打者として、東の横綱・読売巨人軍ならびに赤バットの川上哲治《てつはる》に闘志むき出しで向かっていった。

そのプレースタイルは豪快でわかりやすく、観客を魅了し、野球の面白さを最高に引き出すショーマンシップの持ち主。空振りをすれば尻もちをつき、内角球には大げさにのけ反り、ホームランを打てばスタンドのファンの歓声に手を振って応える。ランナーに出ればわざと砂煙を上げてスライディングをし、本塁へ突入してキャッチャーを脳震盪でKOしたこともあった。

投手をやれば、絶体絶命のピンチの場面で「待ってました」とマウンドに登り、股の間から頭を出して二塁ランナーをのぞき込む。審判の微妙な判定には顔を真っ赤にして怒り、ここぞというチャンスの場面では無類の勝負強さを見せる。

ルーキーの頃から藤村富美男の用具係を務めていた吉田義男は回想する。

「あんなに華のあるプレーをできる人をほかに見たことがありません。お客さんを楽しませることを意識して、実際に見る者の心を奪うほど面白い。戦後のプロ野球を盛り上げた最大の功労者ですよね」

時にその過剰なサービス精神が不道徳だとインテリ層から敬遠されることもあったが、大衆からの人気は球界随一。そのルーツは戦後に〝ブギの女王〟と呼ばれた笠置《かさぎ》シヅ子のステージを観た際に、一生懸命に汗を流し、観客を楽しませることに全精力を尽くす彼女に感銘を受け、自らも観客を楽しませるためド派手なパフォーマンスを行うようになった。

藤村の千両役者ぶりはグラウンドだけにとどまらない。引退後にテレビ時代劇『新・必殺仕置人』に元締めの虎として出演し、自慢の物干し竿で、掟を破った裏切り者を粛清するさまは一部好事家の間では伝説のシーンとして今も語られているが、藤村は現役時代から役者としてもたびたび大劇場の舞台に立っていた。

１９５４年の春には巨人の川上哲治と一緒の舞台に立ち「巨人巨人とやかましいが、巨人ばかりが野球じゃないわい」とやって、やんやの喝采を浴びた。年末になっても岸一郎の監督問題などどこ吹く風で、藤村は東京・国際劇場の『世紀の球典』なる公演に1週間の出演をしてはスターの貫禄を見せつける。人気はどこへ行っても天井知らずであった。

だが藤村とてこの素人老人監督、岸一郎の登場を面白いと思うはずがない。

なんといっても「タイガースとは何か」を身ひとつで体現してきた男である。その藤村がおとなしく岸の下につくのか、それとも食い殺すのかは大きな関心事だ。いや、岸の下につくなどあり得ない。食い殺すよりほかにないというのが大方の予想だった。

タイガース有史以来、松木謙治郎ほか猛虎の諸先輩が大事に育て受け継がれてきた〝伝統〟という虎の子を、掟も知らぬ老トンビが突然やってきてひょいと攫っていったのだ。その面目を潰された虎の腹の内を想像することはたやすい。

「世間は監督を逃して悔やんでいるなどと言われるが、私は身体が動くうちは現役一本でやりたいと考えている。岸監督を助けたいと思う」

藤村のマスコミへの物言いはあくまでも模範的だ。

グラウンドでのド派手さとは逆に、プライベートでの藤村富美男は寡黙で家族思いな男だったという。酒も飲まず、アンパンとサイダーを好む。そして言葉も多くは語らない。岸監督の就任に際しても、表向きは昨年の大阪球場事件での謹慎をファンに詫びながら、今季は岸監督を助け失地回復に努めると神妙に語るのみだった。

その背景には藤村自身、現役選手として厳しい立場に置かれている状況があった。あの痛恨の大阪球場事件で連続試合出場の記録が途絶えただけでなく、当たり前だった打率3割も大きく割ってしまった。それは、衰えなのか。打席に立ってもストレートに対して振り遅れが目立つようになり、変化球も見極めが怪しくなってきた。さらに視力の低下からか、ナイターの成績は目に見えて下降し、ファーストの守備でもなんでもない送球をそらしてしまうこともあった。「藤村はもう限界ではないか」。そんなメディアの関心も、世間の噂も、本人の耳には当然聞こえてきてはいた。そして衰えは本人も自覚があるのか、言葉の端々からも弱気な発言が聞こえるようになっていた。

「うちではな、ぽつぽつと僕の生命が乏しうなってきたよって機械を買って編み物をしよる。それを見ているとな、やっぱり年老いたということを見せつけられているようで寂しいもんやで」

ベンチの選手たちのなかには、藤村の監督就任を歓迎しない層が一定数いたということも藤村の気持ちを重くさせていた。

ド派手なプレーは、時に独善的と映り、ほかの選手の存在を踏み潰してしまうこともあった。それを面白く思わない選手がいたことも事実で、あの大阪球場事件で藤村が松木とともに謹慎となった期間。異様な緊張感をもたらす2匹の猛虎がいなくなったことで、ベンチの空気はとてもなごやかだったという証言もある。

それらすべての鬱積を振り払うかのように藤村富美男は奮起していた。11月秋のオープン戦では兼任監督を務めながらハッスルプレーを連発し「来年は一塁専任ではなく、伸び盛りの三宅秀史がいる古巣の三塁だって守れる」と宣言。二十三貫五百（約88キロ）と肥えてしまった身体は、サウナを愛用し、朝晩の体操、バットの素振りも欠かさずに絞った。やる気だ。これにはファンも併せて期待を持つ。藤村富美男はタイガースにとって替えの利かない存在であり、なによりファンへの訴求力は他の追随を許さない。だからこそ、その扱いは厄介だった。

この岸監督の登用も、表向きは藤村富美男に監督として土をつけないための配慮であり、投手力を整備し、勝てるチームができるまでのお膳立てをするためのつなぎという名目があった。

しかし、裏の狙いとしては「力が落ちてきた藤村をスタメンから落とせ」といくら言っても誰も手をくだせなかったアンタッチャブルな存在を、プロ野球界のしがらみの外ゆえに平気でクビを斬れる、処刑人としての登用という意図もあったのだろう。

使い方を間違えれば、チームもろとも破壊する大爆発を起こすであろう選手としての晩年に入った藤村富美男の処遇。松木謙治郎は、その難しさをこのように表している。

「最近のプロ野球を知っている人。3年なり5年なり関係している人だったら、今の藤村の上で監督をやろうなんて思いませんよ。引き受けるわけなんかないんですよ。誰が難しい彼が難しいと言ったって、藤村くらい難しいやつはいない。ケタが違います。彼が頭を下げるのは2代目監督の石本秀一さんか、ぼくくらいでしょうね」

善かれ悪しかれ、虎のリーダーである藤村との関係をどう築けるかが、岸一郎がタイガースで生き残るための大きなカギとなっていた。

世間の関心をよそに沈黙を貫いていた藤村富美男は、12月になると、『ベースボールマガジン』誌上でようやく今の心境を独白する。

〈いま私の気持ちを強く支配しているのは、あの中日戦の放棄試合と出場停止の不面目を何とかしてそそぎたいということだ。私はこのことについて頑なに口を閉じ続けた。いまも語りたくはないが、ファンの皆様に申し訳ないことをしたと悔ゆる気持ちでいっぱいだ。松木さんには本当に済まぬことをしてしまった。松木さんの胸にひとつの心のしこりを残したのはなんと詫びていいか。チームの歴史にも傷をつけた。普通なら伝統を汚すものとしてつまはじきにされてもよいくらいなのに、チームも、ファンの皆様方も、変わらずに私を支援してくださっている。来年はなんとかこの熱い思いに応えなければならんと決意を固めている。そのためには成績を上げること。これが百万言にも優るものだろう。

岸新監督とはまだゆっくり話をしたことがない。私としてはいままでの松木さん時代と同様、できる限り補佐していきたい。私のプロでの体験、これが岸監督を助けるものにでもなればこれほどよいことはないと思っている。

あるスポーツ新聞が岸氏は監督とはいえど総監督の役割で、実戦は藤村が指揮することになるだろうということを書いた。これは憶測も甚だしい。昨シーズン末のオープン戦は私が指揮を執ったが、この時はあくまでも代理監督であって、私は監督をやろうという気持ちなど毛頭持っていない。働ける自信はある。私はプレイヤーとして生きたいのだ。

こんなことをいうと藤村は自分ひとりで野球をやれるつもりでいるのかと反駁されるかもしれない。野球はひとりでやれるものではない。９人であり、ベンチ入り25人の力すべてを結集してこそ、はじめて優勝を目指せるチームになる。その意味で〝藤村のタイガース〟では絶対にいけないのだ。私は〝タイガースの藤村〟であるように努力し、〝タイガースの藤村〟として働いているつもりだ。そしてこの気持ちは今後も絶対に変わらぬものである〉

藤村にとって失意の年でしかなかった1954年が暮れようとしていた。藤村はまだ岸とろくに話をしていない。

神武景気とタイガース

年が明けると昭和は30年代となる。神武景気により日本が高度経済成長期に突入したその正月。大阪タイガースの新監督たる岸一郎は、甲子園三番町の静かな住宅街にある阪神電鉄の社宅で新たな年を迎えていた。

その家は石垣に囲まれた2階建ての大きな住居であったため合宿所も兼ねて、吉田義男、小山正明、三宅秀史、渡辺省三、西尾慈高ら期待の若手選手5人も同居していた。岸一郎の居室は1階の南、縁側がある部屋である。敦賀から高校生になる長女だけを呼び寄せ、身の回りの世話は、福島美恵というお手伝いさんがしてくれていた。

報知新聞による「岸監督のある一日を追う」という密着記事にその暮らしぶりの一端がうかがえるので紹介する。

〈岸一郎監督は毎朝8時に起きて、唯一の趣味である庭の植木に水をやり金魚に餌をやると、スポーツ新聞を1時間以上熟読するのが日課である。これが貴重なプロ野球の情報源であり、これから構想を練るためのデータなのだった。

朝9時には全員で食卓を囲んで、楽しい朝食を過ごす。

「岸さんは僕らのことをよくかまってくれて、小言など言われたこともありません」と吉田義男が朗らかに答えれば、11時に甲子園まで3キロの道を歩いて練習に出かけ、14時には終了。

そこから街に出かけ19時には夕食のため帰宅すると、その後22時まで選手たちと団らんがてら、週に2～3度、野球のルールやセオリーなどを講義するという。

サードの三宅秀史は岸の話を「講義がとても上手なのでちっともいやにならない」と手放しで歓迎している。

消灯は22時半。岸一郎は寝静まった選手たちの姿を見届けると、机に向かい新しいタイガースの構想を練るのであった〉

……なんという、真面目な若手と見守るおじいさん監督の理想的な同居風景だろうか。

ちなみに現在、吉田義男も小山正明もこの時の生活ぶりは一切覚えていない。


若手選手たちが各地に分宿していたそんな生活も、この年が最後となる。なぜなら、翌年にはついに合宿所『若竹荘』が完成するからだ。

タイガースの所属選手もここ数年で大きく数を増やしてきていた。この1955年には毎日引き抜き事件後に25名の選手を補填した50年に次ぐ17名の新人選手が入団している。

そのうち、毎年タイガースのウィークポイントと指摘され続けた投手の獲得が11名。なかでもこの年の特Aクラスと呼ばれた新人が、前年の都市対抗で3試合連続完封勝利を飾り準優勝投手となった社会人チーム「全藤倉」の19歳、西村一孔《かずのり》だった。

タイガースは、この新人に200万円を超える契約金をはたいて他球団との獲得合戦を制したという。さらには合宿所に続き甲子園にナイター設備の設営を決定するなど、シブチンと揶揄《やゆ》され、その後もドケチが伝統として受け継がれていくタイガースが、このような大きな投資をするという歴史的な出来事が起きていた。

その背景には、好景気により関西の産業界も活気づいてきたということもあるだろう。前年には「国税庁通達」が出されるという追い風もあった。それは親会社が「球団に対して支出した金額のうち広告宣伝費と認められる部分を損金に算入できる」という制度である。これにより球団の運営費用は親会社の経費と認められ、まったく客が入らない球団でも、税金対策として以降も赤字を垂れ流し続けることができた。日本の球団名に〝親会社の名前〟が必ず入っているのはこの制度のためである。

実際にこの年あたりから各球団ともに新人の契約金が高騰し始めていて、タイガースでは翌年には夏の甲子園大会で活躍した新宮高校の投手・井崎《いざき》（前岡）勤也《きんや》に700万円もの契約金を出している。3年前に入団した吉田義男の契約金50万円、月給3万円と比べると雲泥の差。後年に吉田がドケチと散々叩かれたのも、お金のありがたみを身にしみて知っているがゆえなのであろう。

そして、もうひとつ。「甲子園の観客動員の減少」という看過できない理由があった。1954年シーズンのタイガース主催ゲームの年間入場者数51万6050人は、125万人の巨人、100万人の中日の約半分。甲子園という6万人を収容するといわれていたマンモス球場を持ちながら、パ・リーグの南海、西鉄、毎日にも及ばないなど観客動員が年々落ちてきているのは明らかだった。なぜなのか。その原因を探っていくと、甲子園にはナイター設備がないため、平日の会社帰りにサラリーマンが試合を観に行くことができず、近隣の大阪球場の南海、西宮球場の阪急に観客を奪われたことが挙げられる。

だが、なによりも「勝てない」ということが甲子園から客足を遠のかせていた。最後の優勝から8年。2リーグ制になってから一度も優勝を果たしていないタイガースが「このままの路線ではまずい」という危機感に触発され、いよいよ本気で勝ちに来たということだ。その舵取り役を岸一郎に任せるというツメの甘さが実にタイガースなのではあるが。

世代交代

同じ正月。当時タイガースのマネージャーだった奥井成一は、新年の挨拶に田中義一専務の自宅を訪れている。そこでこんな会話があったという。

「奥井よ、岸監督で果たしてうまくいくのだろうか……」

「それは藤村さんと御園生さんを監督がどのように扱っていくか。また、2人がどこまで協力するかにかかっていると思います」

「その通りだよ」

田中と奥井の最大の不安は、多くのタイガース関係者の不安でもあった。いくら投資しようとも、現場がバラバラでは勝てるわけがない。監督にド素人の岸一郎が入ったことはもうしょうがないとしても、チームを掌握し勝利へ進むためには、チーム内を把握している藤村や御園生、そして金田たちベテラン勢の協力を得られるか。その一点が頼りなのだ。

それなのに、岸一郎から聞こえてくるのは「藤村は外す」「ベテランは排除する」の発言ばかり。たとえそれが上から課せられた密命であっても、ここまで露骨に出してしまうのはうまくない。岸は確実に、そして急速に、それらの選手から反発を招いていた。

「果たしてうまくやっていけるのだろうか……」

そんな球団フロントの不安を乗せて、１９５５年の大阪タイガース首脳陣の陣容が決定した。

監督　　　岸一郎（60歳）
助監督　　藤村富美男（39歳）
投手コーチ　御園生崇男（39歳）
二軍監督　河西俊雄（34歳）
主将　　　金田正泰（34歳）

藤村富美男は松木時代に引き続き助監督兼選手となり、金田も主将に留任。二軍監督の御園生崇男が岸の参謀役となる投手コーチに配置替えとなり、のちの名スカウト「スッポンの河さん」こと河西俊雄が阪神ジャガーズ（二軍）監督に昇格した。打撃、投手、二軍、そして現場と、岸にとってこの4人をどう抑えるかが要となる。

その頃、渦中の藤村は、正月のスポーツ新聞の企画で、球界の人気を二分するライバルの巨人・川上哲治と豪華対談を行っていた。

「新年とはいえイヤなことはまた年がひとつ増えることだね。年寄り扱いする人らにも、まだできることを見せつけてやらねば」

東と西、巨人と阪神、赤バットと物干し竿と、常に比較されながら球界をリードしてきた2人のスター。〝打撃の神様〟と奉られる川上は6年連続3割を継続中と衰えを感じさせないながらも、年齢はこの年に36歳と藤村の3つ下。互いにチーム最年長のベテラン同士。黄昏を感じつつある身の上で、通じ合うものもあるようだ。

「なにが年だ！　今年は去年の分までグラウンドで暴れ回るさ。本塁打があと1本で200という弁慶のような立場だが、通算打点は川さん（川上哲治）に追いつかないからね。ぶんぶん振り回すだけだよ」

「フジさん（藤村富美男）が改めてカタキのように狙うというなら、僕も頑張るさ。年も一つ増えたことだしね……」

「まだまだ若いものにゃ負けちゃおれんさ。ひけは取らないぞ」

「まったく同感だ」

「ではお互いを目標にして、改めてグラウンドの上で会おう」


藤村と川上がそんな熱い言葉で誓いを立てている頃、岸一郎は自宅で新聞社の取材を受けていた。

「やはり巨人は強い。今年は間違いなく優勝候補だろう。戦力は向こうが一段上だ。しかし、今年も川上、千葉に打たれるようでは恥ずかしい。往年の打者とて、もはやたいしたことはない。今は打たせる投手の方が悪いだろうね」

またしても口がすべっていた。しかも今度は巨人の川上・千葉という、よそ様の看板にまで火をつけに行ってしまった。おそらく岸としては、巨人の大打者に対して勝負する前に名前負けしてしまう投手陣の苦手意識を払拭する意図なのだろうと考えることもできる。

だが、その後に続く藤村についての配慮に欠ける言葉を聞いていると、本当に深く考えての発言なのか疑わしくなってくる。

「藤村は看板打者だ。まだまだやれるとは思っている。しかし、力の衰えが一層厳しくなれば、ファーストに捕手の谷田比呂美《たにだひろみ》を置くか、ライトの渡辺を持ってくることも考えている。

しかし彼ほどのショウマンをむざむざ出さないのはお客さんにも悪い。その折の演出には気を配りますよ。ハリキッてくれるならいいが、チャンスで簡単に内野フライを打ち上げるようではいけないね。早々に3番4番を打てる若い打者を発掘し〝芯のある打線〟を構築していきたい」

そんな腹案を示しつつ、現時点でのレギュラーは以下の通りとした。

1番　レフト　金田正泰（34歳）
2番　ショート　吉田義男（21歳）
3番　ライト　渡辺博之（34歳）
4番　ファースト　藤村富美男（39歳）
5番　センター　田宮謙次郎（27歳）
6番　セカンド　白坂長栄（32歳）
7番　サード　三宅秀史（20歳）
8番　キャッチャー　徳網茂（30歳）

前年のメンバーと比べると、サードを2年間守っていた日系人の与儀眞助がハワイに帰国した代わりに、20歳の三宅秀史がレギュラーになった以外は特に変わり映えがない。ベテランどころでいえば、2年連続3割、足でも30盗塁近く走る不動の1番打者であり主将の金田正泰。昨年打点王に加え、3割5分3厘を打ち、巨人の与那嶺要と首位打者を争いあわや二冠王と打ちまくった3番渡辺博之。鉄壁の守備は健在な白坂長栄などは気力も十分。藤村富美男も周囲から衰えたと囁かれるが、4番としての存在感は他を寄せ付けず、昨年も21本塁打78打点と、大阪球場事件の出場停止がなければ本塁打王・打点王を狙える位置にいるぐらいには、リーグトップクラスの成績を残す選手ではあった。

さらに昨年初めて3割を打った俊足巧打の田宮謙次郎、盗塁王の吉田義男のショート、司令塔の徳網茂とセンターラインがガッチリ固まり、前任者の松木謙治郎が育てたメンバーは、巨人に次ぐリーグ屈指の攻撃力を持っているといってもよかった。

問題は投手力だ。前年に初優勝を果たした中日ドラゴンズには最多勝・最多完封・最高勝率・最優秀防御率・最多奪三振の投手五冠を獲った杉下茂という圧倒的な大黒柱がいて、2位の巨人にも別所毅彦、大友工《たくみ》という超エース級と呼べる一流投手が二枚もいた。さらに下位球団の広島カープにだってこの年に30勝を挙げ大エースに成長する長谷川良平が出始めていたし、国鉄スワローズ（現・東京ヤクルト）には金田正一《まさいち》というやがて400勝を挙げてしまう天上天下唯我独尊の超ド級エースがいつも投げていた。

この年、チームの看板になり得るエースがいなかったのは、そもそも人がいない大洋ホエールズと、投手陣が世代交代の時期にあったタイガースだけだった。岸監督は言葉に力を込める。

「強力な攻撃陣を誇るタイガースがここ数年勝てなかったのは、投手陣があまりにも弱かったからだ。私はなによりも投手陣を育て上げる。これまで『タイガースでは投手が育たない』という評判が非常に強かったが、私は今年のキャンプでこの汚名を拭い去るつもりだ。見ていてほしい」

投手陣の現状として、1950年代にWエースとして活躍した梶岡忠義（34歳）、藤村隆男（33歳）。そこに続く真田重蔵（31歳）の力の衰えは明らかだった。

タイガースの急務は、一時代を築いたベテラン三羽烏に続く、力のある投手を作ること。若手のエース候補はいなかったわけではない。この年にリリーフから先発に転向させた3年目の大崎三男（22歳）、2年連続10勝した渡辺省三（22歳）、昨年11勝の小山正明（21歳）の3人だ。特に小山はこの後、プロ野球史に残る大投手へと成長するのだが、現時点ではまだ彼らは計算できるような投手ではなく、勝負どころではベテラン3人に頼らざるを得ない状況であった。

ここに昨年は主に中継ぎで防御率1点台と好投した駒田桂二（29歳）、7勝を挙げるも打球が目に直撃し離脱した左腕の栄屋悦男《さかえやえつお》（24歳）、2年目の西尾慈高（21歳）、山中雅博（17

歳）らが続き、あとは新人がどこまでやれるかという、計算がまったく立たない布陣。口さがない週刊誌にいわせれば「所詮は大黒柱のいない二線級のピッチャーの集団。渡辺も非力、小山は阪神だから出てこられたが、巨人中日ではチャンスがなかった存在」と手厳しい。

高齢化した打撃陣。若手の出てこない投手陣。そして素人の監督と、シーズンを前にして、各スポーツ紙や専門誌のタイガースへの評価は低く、ヘタを打てば国鉄や広島にも食われると危惧する評論家も少なくなかった。

「もしも今年のタイガースが優勝しないまでも2位、3位にでも入ったならば、他の球団の監督はすぐに総辞職しなければならないだろう。そりゃ30年も球界から離れていた監督に負けたということになるのだから」

そんな声を聞いてか、シーズン前に新聞社主催の各球団フロント対談企画に出席した専務の田中義一は、やけっぱちに笑うのだった。

「いやー、今年は前評判がここまで低いと逆にやりやすいですね。負けて当たり前ですから！」

始動、動かず

1955年1月15日、成人の日。この年はプロ野球実行委員会が決議した取り決めとして、

1953年以降に契約した若手選手が指導員5名のもと、この日から練習を開始できることになっていた。タイガースは二軍組織、現在のウエスタン・リーグの前身である新日本リーグの「阪神ジャガーズ」の選手15名と、期待の西村一孔らルーキー10名が参加。小山正明、栄屋悦男、石垣一夫、山中雅博ら若手の一軍選手が指導員となり、総勢30名の選手がトレーナーの笛で汗を流した。

グラウンドには、初めてタイガースの帽子をかぶり、胸に大きな虎のエンブレムが入った白いウィンドブレーカーに袖を通した岸一郎監督が颯爽と登場し、終始にこやかに若い選手たちのはつらつとした姿を見守っていた。

「どうですか。見てごらんなさい。和気あいあいとやっているでしょう。これですよ。野球というものは、チームワークがなければいけません」

満足そうな岸老人に、新聞記者たちは「岸監督はどのような方針を持って指揮するおつもりでしょうか?」と質問を飛ばす。

「いつか中澤不二雄くんが『不言実行の人である』と言ってくれたように、それあるのみです」

記者たちは顔を見合わせた。またこれだ。この老人は自信満々に答えながら、実に要領を得ない、焦点のボケた言葉を返してくる。

この不言実行という言葉も実に都合よくできていて、岸一郎は不言どころか気分次第でかなりよくしゃべるおじいちゃんとなることは、記者の誰もが思い知らされていた。特に自分の昔話の類となると、堰を切ったかのようによくしゃべる。

「たくさん話をしてくれるし、サービス精神も旺盛。だが、改めて話した内容を考えてみると、ことごとく中身がなかったり、聞きたい質問からズレた答えだったり……みんな、岸監督の話を聞いていると、キツネにつままれたように妙におかしくなってしまう」

つい先日も若手の育成方針を聞くと、『やってみせ、言って聞かせてさせてみて、誉めてやらねば……』ですよ」という名言を引き合いに出しながら、山本五十六との怪しげな交遊を延々と聞かされている。

タイガースの番記者たちは、この老人のウソか本当かわからぬ話に呆れかけていた。やがて、本気で話を聞こうとする記者の数も少なくなっていったという。


グラウンドに目をやると、新人選手たちが甲子園練習伝統のアルプス登りで目を白黒させていた。キャッチャーの瀧英男は脳震盪で早くも脱落し、ピッチャーの秋光新二《あきみつしんじ》や井村典夫らも息も絶え絶えにメニューをこなしていく。

最大の注目はやはり大型ルーキー西村一孔だった。176センチ・72キロの立派な体躯から、変則気味の豪快なフォームで投げ込む速球はずしりと重く、ブルペンでは捕手を務めた谷田比呂美がボールを受けるたびにうれしい悲鳴を上げる。

西村は高校時代キャッチャー兼任で、投手に転向してから日が浅かった。その分、まだまだ伸びる要素は多いと感じさせる半面、キャッチャーをやっていた時のスローイング時に肘が下がるクセがどうしても抜け切らない。これはやがて故障の原因になると、岸はこの時ばかりは目が覚めたかのように明晰に西村のフォームの欠点を次々と指摘していく。

「素材的には今のままでも十分に通用する力があるのだろうが、投手としては何もかもが未完成。特に腕を振り上げた時に肘がグッと曲がってしまう。この投げ方では、ノンプロでは通用したかもしれないが、プロでは無理でしょう。中途半端にしていてはせっかくの素材を壊してしまうので、1カ月なのか、1年かかるかは本人次第ですが、焦って開幕から出さずにじっくりとフォームを直してからになると思います」

自分がプロ野球をやってないのに……なんて陰口を叩かれながらも、岸はルーキー西村に熱心に声をかけ続けた。一球投げるたびに「ホラまた腕が落ちた」「上から上から」と口やかましく指導が飛ぶ。その見た目と口調の柔らかさから、岸の指導は一見やさしいように思える。だが、実際に指導を受けた投手たちからは「言葉は柔らかいが、キズに障るように厳しい」とイヤなことをピンポイントで指摘されるような感想が聞こえてきていた。

「スパルタ式ではないが相当厳しくやるつもりだ。手加減せずにやって成長する方が選手にとっても幸いだろう。トレーニング中は厳しいと思っても、何年か後で『あの時鍛えておいてよかった』と思う時がきっとあるはずだからね」

表向きは和気あいあいとしながらも、やることは厳しかった合同トレーニングは、岸自身も一定の手応えを感じながら終了した。


そして、2月1日キャンプインの日を迎える。

タイガースがタイガースであるゆえん。ひとクセもふたクセもある猛虎たちが、2カ月の冬眠から覚めて甲子園のグラウンドに集まり、新監督の号令を待っていた。

颯爽と彼らの前に歩み出た岸一郎が口をひらく。

「試合の運営に関しては藤村兄と金田、投手は御園生に任せていいと思っている。私は、このキャンプでは特にチームワークを重点的にやっていきたい」

え？　虎たちは顔を見合わせた。これまでの「俺についてこい」というカリスマ型監督のタイプとは180度違う。顔合わせの時と同様「仲良くやりましょう」という岸一郎監督の第一声は、虎の頭領としては拍子抜けするほど物足りないものだった。

それでも、新人17名を加えた総勢61名というタイガース史上最多となる大所帯は圧巻だった。タイガースのキャンプ地は本拠地の甲子園。すでに合同練習で身体のできあがってきた若手投手がずらりと並び、バンバン投球練習をするさまは弱点克服に懸けるタイガースの気合が伝わってくるようだった。

岸は御園生コーチとともに投手陣にべったり。打撃陣については、藤村富美男、金田正泰に完全に指導を任せっきりとなっていた。

金田主将はこの時にチーム内に漂っていた微妙な緊張感をこう語っている。

「去年までは松木さんがかなり厳格に指導されていましたが、岸さんは温厚な人で細かいことは何も言わない。外見同様、中身ものんびりしているが、ここで僕らも一緒になっていい加減な練習をしていたら、その時こそ最終宣告がくだると思っている。練習は選手の自主性に任されているが、やらされるよりも各個人の責任が重い分、しっかりやらなければと思う」

金田や藤村らは自分の練習をしながら若手の指導をしている一方で、岸一郎は野手に声をかけるそぶりも見せない。これでは野手陣のなかに「岸は打撃がまったくわからないのではないか」という疑念が生まれるのも時間の問題だった。昨年までの松木監督であれば不振に陥っても的確なアドバイスがもらえたが、岸にはおそらく望めはしまい。打者転向も含め松木とマンツーマンでやってきた田宮謙次郎などは、「もう誰かに頼ることはできませんから」と、ひとりでやっていく覚悟を決めている。

せめて松木謙治郎が総監督やコーチの立場でタイガースに残っていてくれたなら……。その松木が同じ頃、藤本定義監督の招きで大映スターズの打撃コーチに就任したことは選手たちにとって少なからず衝撃であった。

そんな選手たちの不安を知ってか知らずか、岸からは「ダイナマイト打線は復活しますよ」なんて自信満々の言葉が聞こえてくる。そのたび、選手たちの心がジリジリと岸から離れていくようだった。

マムシの忠やん

世間の論調が日を追うごとに懐疑的な空気に変わっていくなか、この岸一郎監督に「新しいタイガースを作るのではないか」と秘かに期待を寄せる少数派もいた。スポーツニッポンの荒井忠《ただし》記者もそのうちのひとりである。

この時期のタイガース界隈には2匹のマムシがいた。ひとりはマネージャーの青木一三、29歳。関西大学の在学中からスカウトとして活動。一度狙ったら離さないマムシのようなスカウティングで、吉田義男、三宅秀史、山本哲也、大津淳《あつし》、藤本勝巳、井崎勤也など、タイガース史を彩る錚々たるメンバーを獲得してきた。さらにはこの後、藤村排斥事件の黒幕として暗躍する球界のフィクサーである。

もうひとりが〝マムシの忠《ちゅう》やん〟こと荒井忠記者だった。マムシと呼ばれた男の「一度喰いついたら離れない」執念の伝説的スクープは現在でもスポニチ内でいくつも言い伝えられている。

1985年にスポニチへ入社。晩年となった荒井記者と新人時代に一緒に働いた経験を持つ内田雅也記者が回想する。

「あのおっちゃん、おれが入社した頃はもうすっかりやさしくなっとったけど、昔は相当おそろしかったらしいで。先輩たち、ビビりまくっとったからな。社内では荒井さんの伝説的なスクープがいくつも言い伝えられとってな。たとえば1961年夏の甲子園の優勝投手、浪商の尾崎行雄。2年生で高校を中退して東映フライヤーズ(現・北海道日本ハムファイターズ)と秘密裏に契約した現場を抜いたスクープや。あれは両者の動きが怪しいと踏んだ忠やんが、尾崎家の軒下に潜入して聞き耳を立てとったんやて。そこで東映の球団首脳が尾崎家の机の上に札束をドンと置いた音を聞いて、忠やんは入団を確信したそうや……」

なんという執念か。ほぼ忍者か隠密である。現代では、いや当時でもアウトであろう攻めた取材も厭わないこのマムシの忠やんが、就任以来ほぼ悪評しか出てこない岸監督に対しては、なぜか悪くない印象を持っていた。

「この世界の人は裏の裏を知りすぎてかえっていけない。むしろタイガースについてはどこの派閥にも所属していない、ズブの素人の方が成功するかもしれない」

タイガースという巨大な思惑が交錯する組織を知り尽くしていた荒井記者が岸監督にかけた望みだった。

岸一郎は、長い時間を球界から離れており、現場の勝手をまったく知らない。そういう負い目があったからなのか、それともただの話好きなのかはわからないが、メディアの取材要請には今までの監督ではあり得ないほど協力的で喜ばれた。しかし慣れてくると記者の間でも「サービスしすぎの八方美人」と陰で言われていたし、一度話し始めたら止まらないおしゃべりな性分にも辟易とされてきたようだ。

こんなことがあった。あるスポーツ紙の記者がミナミの繁華街でバッタリ岸と出くわした。まずいと思った彼は会釈をして帰ろうとしたが、これを「まぁまぁせっかく会ったのだから」と、お茶に誘い、そのまま夜更けまで帰してくれなかった。そんな出来事に尾ひれがついて噂となり、いつしか記者たちも岸を敬遠するようになっていたという。

ややしゃべりすぎ、大言壮語のきらいはある。だが「悪い人ではないのだろう」と、荒井は感じていた。就任会見で「選手をニックネームで呼ぶ」と言いながら、見た限りまったく誰のことも呼んでいないところをみても、おそらく馴染めずにいるのは明らかだった。これではあまりにも憐れではないかと、親しい記者に呼びかけ「岸監督にニックネームをつけよう」と発案した。しかし、岸に似合いそうな適当なものが浮かばない。思案したあげく、岸一郎の4歳上で、当時ヤンキースで5度世界一となったおじいさん監督から「日本のステンゲル」と名付けることにした。ちなみにステンゲルはこの5年後にヤンキースを解任されて「私が70歳だから解任か。わかった、次はそんな真似は二度としない」と粋なセリフを吐き捨てている。岸とは真逆の皮肉屋であるのだが、このニックネームを本人に伝えると、岸は大いに喜んだ。そして案の定、その晩荒井は三番町の自宅に呼ばれ、シブい日本茶をご馳走になったという。

「選手はわしが何も言わなくとも、自覚を持ってよくやってくれている。藤村や御園生らがちゃんといてくれるおかげだよ」

岸老人からそんな茶飲み話を聞いていると、この人は周囲に言われているほど鈍感でも阿呆でもない。自分がプロ野球の世界では素人であることを理解し、適応できるよう前向きに努力しているのだろうなと気づかされた。

そんな岸老人を、タイガースの選手たちはどのような気持ちで接しているのか。荒井は現場の「対岸感情」の実情を探った。最大のキーマンは、やはり助監督の藤村富美男である。監督としての岸一郎を助け、協力ができる立場の人間は藤村富美男しかいない。ファンから絶大な支持を集め、現場でもタイガースの支配者として実権を握っていた藤村にソッポを向かれたら、岸一郎は完全に孤立無援となる。

「フジさん、岸一郎監督の就任について率直な意見を聞かせてください」

「あんたらに話すこたぁなんもない！」

この頃は年齢も重ねてすっかり紳士のような佇まいだった藤村に、いきなりエライ剣幕でまくしたてられた。

若い記者であれば腰を抜かして逃げ出していたであろう虎の咆哮であるが、こんな対応も荒井は藤村の全盛時代に何度も触れてきている。時に飲みかけの水をぶっ掛けられたこともあれば「練習の邪魔だ」とスパイクで砂を引っ掛けられたこともある。それに比べたら、こんな一喝で引き下がるようなマムシではなかった。

「まぁまぁ、そんなこと言わんと……」

諦めずに時間をかけて相手の本心を絡めとる。おせっかいや酔狂で、トラブルの要素を嗅ぎつけようとしているわけではない。これから先のタイガースに起こる出来事に対して公正な判断をくだすための材料を集めているのだ。

やがて荒井のペースに乗ってきた藤村が、次第に岸監督への感情をぽつぽつと語り始める。

「今のタイガースには新人の監督もいいのだろうが、この世界は素人がやれるところやないで。それによりにもよって、あんな年寄りがやれるわけないやろ……」

この言葉を藤村から引き出せただけで十分だった。これ以上は聞かなくてもわかる。虎の首領が岸一郎を認めない以上、この先、選手たちからの風当たりはかなり辛いものになるだろう。

「岸監督は実戦指揮を執る前からすでにチーム内で揉め始めています。このまま放っておいてはチームにとんでもないことが起こりますよ」

マムシはせめてもの助け舟として、現在チームに起きている不穏な動きを田中専務に諫言している。しかし、この助言も田中に本気で受け止められることはなかった。

密命と建前

キャンプ前から散々やり玉に挙げられた〝ベテラン三羽烏〟の梶岡、藤村弟、真田の3投手は、危機感もあったのか、例年よりも急ピッチで肩を仕上げてきていた。ところが、3月2日から始まるオープン戦で藤村弟が登板を志願すると、岸は「若い投手の調子が出るまで待ってくれ」とこれを拒否してしまう。

空気を察知した藤村弟らベテラン三羽烏は、これですっかりやる気を削がれ、完全に腐ってしまった。

いささか冷徹な気もするが、世代交代とはいつの時代も大自然の摂理がごとく理不尽なもの。岸の言い分はこうだ。

「今年の投手陣の中心はあくまでも大崎三男、渡辺省三、小山正明でいく。しかしベテランにはベテランとして出さねばならぬ時がありますからね。ただ、この3人は先発をさせてもつまずくことが多い。中継ぎで起用していくことになると思いますが、どちらにしても調子を見抜くことが重要です。彼らの経験は貴重ですし、実績は考慮します。ですが調子が出ないと見れば使いません」

「血の入れ替え」は、急速に敢行されようとしていた。

岸は4月2日の巨人との開幕戦に、昨年に続いて3年目の小山正明が投げる可能性を示唆している。小山が当時を振り返る。

「いや、まだまだこの時は全然鼻たれ小僧ですわ。この前の年に開幕投手をやらせてもらえたことも、運がよかったんやろうね。ちょうど世代交代の時期で、人もいなかった。これまで主戦だった梶岡さん、藤村隆男さん、真田さんというベテランの先輩投手たちの力はかなり衰えとったしね。だけど、ぼくに力がついてきたのは、梶岡さんのアドバイスがあったおかげです。いまだに忘れませんわ。この年のオープン戦です。『小山、なんでもいいからとにかく走れ』言うてね。『腹筋背筋と走り込み。基礎体力を作って球を投げ込めば、君はいいピッチャーになれるから』。それでぼくはひたすら走り込み、投げ込みをやっていたら、ちょうど子供から大人の身体に変わってきたこともあるんやろうね。投球内容もどんどん変わってきたんですわ」

1年目の夏から一軍に上がって5勝を挙げた小山は、2年目には松木監督から開幕投手に抜擢され11勝7敗、防御率3・04と、藤村隆男に並んで投手陣の勝ち頭にまでなった。特にオープン戦でノーヒットノーランを達成して以来、中日戦には絶対の自信を持っていて、あの大阪球場事件の日にも先発として登板している。

ただ、この時の小山はまだ伝家の宝刀パームボールも、精密機械のようなコントロールも会得してはいない若手の成長株のひとり。岸一郎はこの開幕戦に小山を起用したい理由として「エースとしてひと皮剥けるため」と意気込んでいる。

「小山が中日に強いことは知っています。ですが、ひとつの球団に強いだけではエースとはいえない。エースたるもの、どのチームからも勝たなければならないし、どのチームにも自信を持って投げなければいかんのです。小山は中日に強い。だけど巨人には自信がないのです。これではいけないので私は中日と同様に巨人にも小山を当てて自信をつけさせてやりたいんです。それが開幕戦で勝つことになれば、さらに大きな自信になるでしょうからね」

この年、岸の期待を一身に受けた小山正明は、ワンランク上の投手となるきっかけを掴みつつあった。しかしまだ身体が成長途中だったのだろう。開幕から右肩に違和感が出てきてしまう。すぐに御園生コーチに相談すると「そんなもん、投げときゃ治るわ」というテレビは叩いて直す昭和なアドバイスに則して投げ続けたが、5月3日のゲームを最後に症状が悪化し、ついに投げられなくなってしまった。失意のまま二軍に落ちて肩を休め、8月には驚異の回復力でなんとか一軍に復帰するが、その時にはもうベンチに岸一郎の姿はなかった。

「そうでしたね。岸さんの期待には応えられずにね。うーん。岸さんに何か言われたかというのは、特に覚えてないけどね。覚えているのは、えらい温厚な人やった……ちゅうことやな」

小山は本当に覚えていないらしい。ただ、この年の鮮烈な記憶は別のところにあった。

「西村一孔や。この年の開幕はルーキーの西村一孔やろ。フォームこそぎこちなかったが、球の力は素晴らしかった。しかも今のピッチャーみたいに逆球があるわけじゃなし。右打者のアウトローにビシッとコントロールされる。あれは、見事だった」

精密機械と呼ばれる小山が絶賛したルーキー西村一孔は、キャンプの時点で岸監督が「フォームのクセが修正されるまでは、たとえ1年でも実戦に投げさせない」と宣言していたが、その評価は日を追うごとにダイナミックに変化していくこととなる。

「だいぶよくなってきた。やはり大器ですよ。それでも、私としては今もって無理して早く使いたくないです。ないのですが、現実問題としてそうも言っていられないようです。会社の幹部も実戦で早く投げさせろと言いますし、せっかく会社が大金を投じて獲得した投手ですから、そう温存もしていられない。公式戦でも使っていくことになると思います」

大金をはたいたのだから、その分しっかり働けという上からの指令はまったくもってごもっとも。まだ不完全な状態でありながら、この年最初のオープン戦におそるおそる西村一孔を使ってみると、これが大活躍してしまった。次の試合も好投。その次もその次もと、トーナメント戦も含め4試合に好投すると、1年間使わないどころか、ルーキーにして一気に開幕投手に名乗りを上げてしまう。

ちなみにタイガースのオープン戦の結果は6勝3敗1分けと上々の滑り出し。岸監督の采配にも注目が集まったが、これも特に目立ったものはなかった。ただ、近鉄戦の6回裏攻撃中に、岸監督が急にタイムをかけてベンチから打者に向かってよちよちと歩き出したところを、藤村富美男が慌てて飛び出し引っ込められた場面があり、周囲は「ナニ?」と顔を見合わせている。

その試合後の会見で岸は「ゲームは監督・助監督・主将の共同作戦で運用している」と語ったが、報道陣の間には〝おじいちゃん、ついにボケちゃったのかしら〟という空気が流れたという。

1955年シーズンに臨むタイガースの面々。前列左から金田正泰、藤村富美男、岸一郎、御園生崇男
(写真＝遺族提供)

第3章

1955年の33試合

ペナントレース開幕

読売巨人軍は昨年優勝を奪われた中日ドラゴンズを倒すべく「打倒杉下茂」を合言葉に逆襲の炎を燃やしていた。3年連続日本一の座を奪われた監督の水原茂は「水原円裕《のぶしげ》」と改名し、巨人軍は2月2日から中南米5カ国へ武者修行に出発する。ベテランの川上哲治、千葉茂らは残留するも、大友工、広岡達朗ら主力を伴いマイナーリーグ級を相手に各地をハードに転戦。8勝18敗の成績で全日程を終え、3月16日に帰国すると「旅の収穫は現地興行者の無計画に対する憤慨と疲れだけ」とゲッソリとやせ細った選手たちが異口同音に呟くも、眼光だけはギラついていた。

その狙いは中日。いや、前年に苦汁を嘗めさせられた〝フォークボールの神様〟杉下茂を打ち崩すことのみ。

そこへ忘れてもらっちゃ困ると、岸一郎のタイガースが立ちはだかるのである。

「ヘタに海外の狭い球場でキャンプをやってもホームラン狙いでフォームを崩すでしょう。それよりはシーズンでも使う甲子園で練習した方が守備も投球もバッティングだってよっぽど合理的です。十分にいい時間を過ごすことができました。監督1年目の今年は優勝を狙うよりも、投打にバランスのよいチームを作って大タイガースの名に恥じない立派なゲームを行い、ファンの希望に応えたい」

海外遠征に出た巨人をチクリとやりつつ、自軍のキャンプ、オープン戦における充実ぶりに目を細める。就任時に〝1年目から優勝を狙う〟と豪語していた目標はひっそりと降ろしていたが、タイガースは気力体力ともに準備万端。

開幕直前の3月27日。その海外遠征で疲弊し切った巨人とトーナメント大会で激突する。さぁ、甲子園での実戦練習の成果を見せる時だ。ところが、だ。試合は岸が期待を寄せる若手の先発、渡辺省三が立ち上がりから崩れ、巨人に0対9とケチョンケチョンにされてしまった。

「巨人は初めて対戦したが、なるほど確かに強い」

今日はこれくらいにしといたるわ……と言わんばかりに感心しきりの岸一郎。しかし、感心してばかりもいられない。なぜなら開幕戦は1週間後の4月2日、後楽園での巨人戦なのである。

日本プロ野球創立以来のカードであり、戦後には〝伝統の一戦〟と呼ばれるようになる永遠のライバル巨人軍との関係も、カード勝ち越しをしたのは1リーグ時代の1948年が最後。以来、6年連続で負け続け、昨年も10勝16敗とタイガースはこてんぱんにやられていた。

甲子園での伝統の一戦の観客動員も最近は減少傾向にあって、代わりにライバルに名乗りを上げたのが、このトーナメント戦でも巨人を破って優勝した中日ドラゴンズだ。ノリにノッているセ・リーグのチャンピオンは、昨年のカード別観客動員数でも1位が中日ｰ巨人戦に取って代わっており、巷では「新・伝統の一戦か」と呼ばれるような勢いがあった。

一方、阪神（大阪）ｰ巨人戦は中日に10万人差をつけられての2位。しかも後楽園で39万人に対して甲子園は12万人と明らかにタイガースファンの熱が低い。このままでは、タイガースのアイデンティティである巨人軍のライバルという立場も危うくなってしまう。

だが、岸一郎はツイていた。今年は日程の都合上、5月までの前半戦2カ月の間に巨人戦の多くが不自然なまでに組み込まれていたのだ。これもゲーム差が開く前にドル箱の巨人ｰ阪神戦を消化したいというセ・リーグの思惑が透けて見えるのだが、タイガースにとっては好都合。なぜならトーナメントで不覚を取ったとはいえ、巨人は時差ボケ海外ボケで疲労困憊。Wエースの大友も別所も調子を崩していたのだ。これも神の思し召しか。スタートダッシュを成功させるには、こんなチャンスはない。

タイガースはこの開幕の巨人三連戦を「皇国の興廃この一戦にあり」と定め、3月30日からの3日間を静岡県の伊東で合宿を張って最後の仕上げに努めた。

「開幕投手は西村一孔に託すことに決めた。新人であろうと、オープン戦を見て一番調子がいい」

岸は、虎の子のように大事に育てる予定だった西村一孔をまさかの開幕投手にするというウルトラCを決定する。

これは岸にとっても、西村にとっても、その後の運命を決める大きな決断となった。

4月2日。いよいよ決戦の日である。朝から曇天模様だった後楽園球場は、試合開始1時間前に降り出した雨が強くなり、そのまま開幕戦は中止となってしまった。

この日のために気合十分で乗り込んできたタイガースはよほど試合をやりたかったのか、中止のコールが告げられた後も、ぬかるんだグラウンドでナインが練習を続けていた。巨人開幕投手の予定だったエースの大友工は本調子ではない上に風邪をひいていたというし、なんとも岸一郎の運のなさを予感させる船出となった。

球場から雨のなか、本郷の旅館「大国」に引き揚げてきた失意の岸のもとに、珍しい客が訪ねてきていた。

小泉葵南《きなん》。東京日日新聞の運動担当記者であり、雑誌『野球界』の主幹でもある彼は、遡ること10年前には、プロ野球参入を目指した東京カップスの球団代表を務めるなど、野球ロマンを追い求め東奔西走したジャーナリストである。そして小泉と岸は早稲田中学の同窓生でもあった。

「久しぶりだなぁ。昔の岸くんは鼻っ柱が強いやつで、本当に怖かったけども、近頃は本当に紳士のようだね。ハハハハハ」

「今はおとなしいよ。ハハハ……ケンカはごめん。紳士だものな」

久しぶりとなる旧友との再会に、小泉も岸も相好を崩す。それは開幕戦の前のわずかなやすらぎの時間のようであった。

「一、二軍合わせて60人以上いる選手は覚えられたかい？　大正時代の学生野球と今のプロ野球じゃ選手の性質もだいぶ違うんだろうね？」

「わしの学生時代は真面目一辺倒で仕込まれたが、プロは金を自由にできる分、コンディショニングを作るのに間違いが起こりやすい。しかし、わしの家には吉田、小山、三宅ら5人の若手を預かっているが、彼らは麻雀や映画遊びに耽るでなし、黙々とやっている。きっとよくなるだろうね。先輩に連れ出されて遊びに夢中になるようでは必ず成績が下がる。20代に野球に打ち込めるかどうかが、伸びるか脱線するかの境目だからね」

若い選手たちの話に岸がうれしそうに返答するのを見て、小泉は核心へと切り込んだ。

「藤村ベテランはどうかね」

またこれか。旧友でも容赦のない問いかけに岸も怯まない。

「守備としての動きがどうかね。この人は気で打つ。ピンチに強いのが身上だ。だが、もう若い人の時代だとつくづく思う。いつ切り替えるか、そのチャンスを狙ってはいるんだがね……」

強めの言葉を引き出して昔の岸を思い出したのか、小泉はおどけたように笑う。

「おや、ベテラン連中はお荷物ですか。ハハハ」

岸は己の信念を確認するように、語気を強めた。

「情実にとらわれていてはゲームに勝てないよ。わしは就任の折にたとえ藤村でも当たらねば引っ込めると宣言しただろう。あの気持ちでやっていくよ。今年は若いチームで、まずは巨人との二連戦にファイトを燃やし、余勢を駆ってぶつかっていく。まぁ見ていてくださいよ」

臆した監督

翌日のダブルヘッダーも雨。ファイトを燃やすと意気込んだ開幕の巨人戦は無情にも3試合とも雨で流れてしまった。余勢を駆るどころか、大きな肩透かしを喰らったタイガースは、5日に浜松へ移動して、大洋ホエールズと仕切り直しの開幕戦を迎える。

大洋は昨年まで共同経営をしていた洋松から松竹が抜けて、この年から大洋漁業の単独経営となっていた。本拠地も神奈川県川崎市に移転。藤井勇監督を迎えて新たな船出をしているのだが、前年にオーナーだった兄の死去でお鉢が回ってきた中部謙吉はまだ球団経営に本腰を入れておらず、吹けば飛ぶような不安定な波の上に漂泊する球団であった。

しかし、この弱小チームですら岸自身、かつて売り込みを断られた因縁があった。タイガースが上位に行くためには、巨人、中日以上に下位球団の取りこぼしは許されない。

「小敵たりとも侮らず。今年は下位球団も強くなってきている。ひとつひとつが勝負です。投手の調子を見極めて起用を決めていきたいと思います」

大洋との仕切り直しの開幕戦に、岸監督はやはりルーキー西村一孔を指名した。

開幕投手にルーキーという思い切った岸采配は現代でこそ奇抜に映るかもしれないが、まだアマチュアとの実力が拮抗していた1950年代はこの西村を含め10人もの新人が各球団で登板しており、奇襲という感覚は今よりは少ない。実際タイガースはこの3年前にもルーキーの三船正俊が登板して、しかも完封勝利を挙げている（しかし54年オフに東映にトレードに出され1年で解雇という回転の早さもあった）。オープン戦で好投したルーキー西村はどんな投球を見せるのか。そして、三塁コーチャーズボックスに入った岸監督は

そんな緊張感は、いきなり金田正泰の先頭打者ホームランで破られた。

……何かが起こる。そんな予感を抱かせる波乱の幕開けだった。

先取点をもらった西村は初回に1点を失うも、それ以降は立ち直り6回を2失点に抑えた。タイガース打線は6回にエラーで混乱する大洋内野陣に乗じて5点を挙げるなど、13安打12得点の大量援護点で12対2の大勝。西村にプロ初登板・初勝利をプレゼントした。

続く第2戦は、今年から先発に回った期待の大崎三男が5回2失点と粘りの投球で5対2の逆転勝利。

大成功である。ルーキー開幕投手の起用に若手投手の好投。勝負どころでの代打起用も成功すれば、リリーフ陣の完璧なリレー。新監督・岸一郎の采配は冴えまくっていた。

しかし、人生における落とし穴はだいたいがイケると思ったすぐ後に配置されているもの。岸一郎を震え上がらせる事件は大洋との3戦目に起こった。

4月7日、沼津市営球場。先発はタイガースが小山正明。大洋は一昨年の新人王左腕・権藤正利という3年目同士の対決だった。

2連敗で何がなんでも勝ちたい大洋は、先発の権藤が荒れ球でランナーを出しながらも4回まで無失点。その裏先制点を奪うと5回表タイガースは金田の二塁打から無死満塁の大チャンスを作る。ここで登場するは4番藤村富美男。しかしノースリーから高めのボール球を2球連続で手を出してしまいキャッチャーファウルフライに倒れる。イヤな空気を振り払うように続く5番田宮が2点タイムリーで逆転する。しかし大洋も諦めない。6回裏、疲れの見え始めた小山から3連打で同点に追いつき、マウンドから引きずり下ろした。

試合は2対2となったその直後、7回の表タイガースの攻撃時に事件は起きた。

ツーアウトからこの日ノーヒットの4番藤村富美男が勝負を避けられフォアボールで出塁すると、岸監督が勝負に動く。

「代走・山本テツ」

ベンチから3年目のキャッチャー山本哲也が小走りに一塁ベースへ駆けていく。

「ファーストランナー、藤村に代わりまして山本が入ります」

異変が起きていた。場内アナウンスで山本の名がコールされても、一塁ベース上から藤村がなかなか動こうとしないのだ。

「オマエは帰れ！」

藤村は虎の形相で山本を怒鳴りつけていた。わけもわからぬまま怒られた山本は、どうすることもできず、所在なさげにすごすごと三塁ベンチへと引き返していくしかなかった。

前代未聞の交代拒否。藤村とすれば、まだ試合は7回なのだ。ここで二死一塁から足の速い山本に代えて得点に至る可能性より、打線を崩さずにもう一度藤村に打席が回ってくることを待つ方が勝利への可能性が高いと考えた。そのうえで交代を拒否したのだろうが、とはいえ現場の指揮権を持つのは岸一郎その人である。

岸監督はこの藤村の横暴ともいえる反抗的な行動に、どうしたのかといえば……臆した。見て見ぬフリをしたのか、苦々しい笑みを浮かべたまま、元いた三塁コーチャーズボックスへ戻ろうとした。

これすなわち、自らの采配を取り下げて試合を続行してくださいという意思表示である。なんという弱腰。なんという日和見。つい先日も小泉葵南に「当たらずば藤村と言えども引っ込める」と吐いた気骨はどこへやら。終盤の代走すら拒否されて、あげくの果てに「やっぱり代走はナシで」と、自らの采配を引っ込めてしまう弱気。これに戸惑ったのが球審・武井正清。慌てて、岸監督を呼び寄せる。

「もう交代の場内アナウンスをしちゃったので、ダメですよ！」

結局、藤村は説得されてベンチへ引き返し試合は再開されたが、ざわめきは止まらない。この前代未聞の醜態によって、タイガースベンチでは意思疎通がまったくできていないこと。岸一郎に監督としての威厳などはなく、藤村富美男がインタビューでどれだけ謙虚な言葉で岸一郎を立てようとも、現実にはこの老監督に従おうとしていないことが、この一幕で完全に浮き彫りになってしまったのだ。

「じいさん、しっかりせえよ！」

スタンドから嘲笑とヤジが飛ぶ。タイガースの選手も、ファンも、マスコミも、完全にシラけていた。

虎のボスは戦うべき相手に弱気の姿勢を見せた途端にその地位を剥奪され、群れから見放される。

監督としての岸一郎は、この時に死んだのかもしれない。

9回裏。岸はなんとか空気を変えようと好調のルーキー西村をマウンドに送る。しかし、内野安打とサード三宅が転倒するエラーで無死一、二塁とされると、3番青田昇がライトスタンドを遥かに越えてゆくサヨナラスリーランであえなく決着した。

新生大洋ホエールズの劇的な初勝利となったこの試合、タイガースにとってはただの一敗以上に大きく後に響く敗戦となっていくのであった。

二虎競食《にこきょうしょく》の計

いきなりのトラブルがありながらも開幕カードを勝ち越したタイガースは、続く呉での広島戦を渡辺省三の完投勝利。そして4月12日の甲子園で行われた国鉄戦では藤村富美男が国鉄のエース金田正一の内角ストレートを左中間スタンドギリギリに入る今季第1号の先制ホームラン。これは日本球界で初めてとなる200号ホームランの達成となった。

「200号は世間でとやかく言われているほど自分では意識していなかったし、これからも意識せずに打ちまくりたい」

だがタイガースはこの試合に負けてしまう。しかもこの試合でも、不穏なシーンがあった。先発の小山正明から駒田桂二にスイッチし、3対4と1点リードを許すも7回裏に一死一、二塁のチャンスを作る。ここでバッターはピッチャーの駒田だ。

「代打！　代打！」

ベンチの藤村助監督が、サードベースコーチに出ていた岸一郎に慌てて代打を進言する。しかし、岸はなぜか動かない。動けないのか。動く度胸もないのか石仏のように固まっている。どうしていいかわからぬ駒田は戸惑いつつも打席に入り、バントをするでもなく三振。チャンスをふいにしてしまったタイガースはそのまま敗れた。試合後、藤村は200号の余韻も忘れ、しきりに首を傾げながら、不満そうにベンチを後にしたという。

国鉄には翌日も1対2で敗れ、さらに2番吉田義男、3番渡辺博之が足の負傷で欠場となった3戦目も2対4の劣勢のまま最終回となっていた。

しかしここから三宅のセンターオーバー、石垣一夫、代打真田重蔵のヒットで1点を返し、1番金田正泰が敬遠で満塁。ここで代打にケガから復帰した後藤のクマさんが、リリーフに出てきた金田正一のストレートをセンター前に運んで殊勲のサヨナラ勝ち。

先日の借りを返す代打策の的中での勝利で勢いに乗ったタイガースは2位に浮上。さぁ、このまま週末の巨人との仕切り直しだ。

しかも3位の巨人はエース別所毅彦、大友工が依然として調子を崩しており、打撃陣も本調子とは程遠い状態だった。

「現在の巨人なら対等以上に戦えるでしょう。開幕戦を雨で流しましたが、あの時はうちも張り切っていて、第1戦を西村一孔で意表を突こうとしたけど3試合とも雨で拍子抜けしちゃったからね。しかし今度も国鉄に逆転勝ちした直後のこと。精神的にも変わりがありませんし、阪神独特のファイトで勝ち越しを狙いたい！」

そう言って言葉に力を込めた岸監督の思いは、再び空振りに終わってしまう。この三連戦はまたしても雨のために流れてしまったのだ。

このあたりの運のなさが、のちのちまでに響いてくるのであるが、そのことを岸一郎はまだ知らない。

タイガースは岸一郎監督の采配こそいまだあやふやであるものの、引き続き好調をキープしていた。監督がほぼ何もしていないのに勝ってしまう。それぐらいチームに力がついてきた兆しでもあったのだろう。4月19日からの広島三連戦は3タテを喰らわせ完勝、続く大洋との試合もリードを許しながらも最少失点にとどめ、集中打で逆転する謎の勝負強さを発揮して4連勝。

「岸監督のリリーフは決まってワンテンポ遅れる」

「ベンチでの連携はほとんどできていないようだ」

などと評論家たちに言われながらも、西村一孔、大崎三男、渡辺省三、小山正明という期待の若手投手陣が持てる力を発揮し、チーム打率はリーグトップの2割8分。サードの三宅秀史が打率3割2分を超えるなど若い力が躍動し、ここまで大洋・国鉄・広島の下位球団との対戦だけながらも、ついにセ・リーグの首位に立った。

「若手の成長」とは対照的に、ここまでベテラン三羽烏の梶岡忠義、藤村隆男、真田重蔵の登板数はわずか1~2試合。「世代交代」も進めたうえで、結果までついてきてしまう最高のスタートだった。

だが、ここからが真価の問われる上位との戦い、中日・巨人との直接対決が始まる。

初戦は4月26日、3位中日との第1戦は、小山が中日キラーの面目通りに好投。延長戦までもつれ込む接戦となったが、延長11回一死一、三塁でなんでもないショートゴロに併殺を焦った名手吉田義男がまさかの二塁悪送球でサヨナラ負けを喫してしまう。

しかし、これで崩れないのがタイガースの強さだった。2戦目は天下の大エース杉下茂を相手にルーキー西村一孔が真っ向から投げ合い、見事9回を西沢道夫の本塁打1本に抑え3対1で完投勝利。2位の中日との二連戦を1勝1敗で乗り切り、13試合終了時点で9勝4敗とタイガースは首位を守った。

さぁ、いよいよ29日から三度目の正直となる伝統の一戦だ。しかも本拠地甲子園で、ゲーム差なしの2位巨人との首位決戦である。

昨年は3位とはいえ首位とのゲーム差16。ここ数年タイガースの低迷もあって「甲子園が満員になるのは高校野球と巨人戦だけ」と揶揄されていた伝統の一戦も、「ただ巨人の人気に阪神がぶらさがっているだけ」「伝統の一戦はもはや巨人-中日戦だ」と囁かれるまでになった。それが久しぶりに首位攻防の戦いになるとあってか、関西中のメディアが活気に沸き立っていた。

そんな、はやる気持ちを抑えられない4月28日の朝。巨人軍の親会社である読売新聞の朝刊に「岸（阪神）監督のひとりごと」と題した記事……いや怪文書のような告白が掲載された。

〈巨人との四連戦を控えて今日の中日戦に勝ててよかったが昨日（26日）の試合だって負ける試合じゃなかった。2回に藤村がこともあろうにキャッチャーのけん制に刺されて先制のチャンスを逃してしまったのだからなァ…。

藤村は8回に2点を返した時にも初球を打ってダブられてしまうし、今日のゲームでも二塁ランナーに出て、股の間から顔を出して遊撃手を見てみたり、まったくいやになってしまう。アレはベースボールプレイヤーじゃなくて、ショウマンだよ。ワシはあの生き方に反対だナ。三塁コーチに出ているワシのゼスチュアが小さいからといって、なにも観衆に聞こえるように『オッちゃん、大きく手招きせいよ』とまで言わなくてもよかろう。ほかの選手はみんな一生懸命やってくれているのになァ。監督のポストをワシというトンビにさらわれたのがよっぽど悔しいのと見えるわい。でもあれでは困るし、あれがいないとお客さんが来ないのかしら…。藤村がいるとワシの監督も今年で終いかな。

でもまァ、いまは去年など一度もなれなかったトップに立っているんだし、いままでの方針通り先の見えたベテラン投手の復活を待つより、それだけの時間をかけて若手をコーチしてみよう。その方がどれだけ効果があるかわからない。今日あんなに好投した西村一孔だって、ワシが育てたのだし、投手として年季を入れたこのワシのコーチぶりは誰にも負けないもの〉

どうしたのだ岸一郎。ここまで、メディアの叩きにも耐え、選手の反抗にも苦笑いを浮かべながら飄々《ひょうひょう》と受け流し、好々爺としてやってきたのに、この首位決戦を前にしての逆上ツイートの大解放。藤村富美男の執拗なイビリについにキレる老人と化してしまったのだろうか。そして、これが藤村富美男の目に触れたら、おそらく取り返しのつかないことになる。

そんな多くの関係者のもやもやした不安とは逆に天気は晴れ。甲子園球場ではついに今年最初の伝統の一戦が行われた。3万大観衆を集めたダブルヘッダーの第1試合は、巨人の2年目広岡達朗が「ショートゴロひとつをさばくにも緊張が走った」というほど、独特の空気が支配していたという。

巨人の先発は昨年10勝とタイガースをカモにしたエース別所毅彦。しかしやはりまだ調子が戻らないのか、これを初回のうちに電光石火の3得点で攻略すると、5回、7回に追加点も奪い7対4で先勝を飾った。

続いて行われた第2試合は大崎が7回まで好投を見せるも、8回に川上哲治のタイムリーなどつるべ打ちされ5点を失い力尽きる。結果1勝1敗。タイガースの戦いは決して悪くはなかった。

しかし、それを報じる翌日の読売新聞には、別の方向から最悪の結果となる談話が掲載されていた。

「藤村兄はこういう」という先日の岸監督の「ひとりごと」へのアンサーコラムである。それは紙面からも怒りと緊張感が伝わってくる、静かなる虎の返礼だった。

〈学校の経歴だけでプロ野球はできない。わしのように古ダヌキのプロ野球選手でも二十日も休めば勘が狂う。まして20年もブランクを持つ岸監督がそれを自覚しているかどうか。

私はいつ阪神をクビになっても構わぬが、古い選手たちの前で「もう若い選手しか使わない」と言ったり「巨人……特に千葉、川上などたいしたことはない。打たせる投手が悪い」と極論する岸さんは自分で恥をかくだけではないか。私は監督さんがKOされて戻ってきた投手に頭を下げて「ごくろうさん」といったり、選手交代のとき、審判に頭を下げるのはみっともないからとやめてもらったことがある。〝温厚そのもの〟などということで激しいプロの世界を突き抜くことができますか？　ランナーズコーチで声が通るわけでもなし。リリーフのタイミングもいつも遅れている。チームに対する愛情から、私は今後も監督さんに嫌われることを言わざるを得ないじゃないですか〉

完全にキレている。なんだかんだと心配されながらも、タイガースは首位にも立っているし「もしかしたらうまくいっているのではないか」という小さな希望は完全に潰《つい》え、岸監督と藤村の断絶が最悪の形で表面化した。

後日、この記事にカンシンを寄せたのが、タイガースファンでもある野球評論家の大井廣介だった。大井はこの二つのコラムを、「読売による事実を元にした首位タイガースへの破壊工作である」と、『ベースボールマガジン』1955年6月号「好球悪球」で解説している。

〈読売に掲載されたふたつの記事は阪神に巧みにくさびを打ち込み牽制する効果があったとほとほとカンシンさせられた。内訳は7割が感心であり、3割が寒心である。『岸監督のひとりごと』は、実際のひとりごとではなく、読売記者が岸監督のハラの内を推定して書いたものだろう。正しく判読すれば私のように誤解はしないが、多少誤解を招くことも計算して書いているのだろう。もっとも記者の完全な創作だとは言わない。岸監督はベテランをあてにせず若手に期待をかけると始終しゃべっているのは本当で、事実の裏付けのある実話小説であろう。

この記事は読者の誤解を招いただけでなく、藤村兄にテキメンに作用し『藤村兄はこういう』にそれが現れた。この言い分は創作ではなくそっくり実話らしい。薬が効いた。効果あらたかであったといわざるを得ない〉

つまりはタイガースのうまくいっていないベンチ裏事情を、事実を元につついたら、藤村兄がまんまと乗ってきてくれたということ。

これを掲載したのが巨人の親会社である読売新聞ときたのだから、げにおそろしきはメディアの情報操作。こんなことが日常的に行われているとなると、藤村富美男ならずともメディア不信になってしまうのも仕方のないことであった。

メーデーメーデーと聞こえてきそうな5月1日。一日おいての巨人戦ダブルヘッダーは、今日も4万5000人を超える大観衆のなかで行われる。

第1戦は巨人のエース大友工から別所毅彦という豪華なリレーにタイガース打線が打ち取られ完敗。第2戦はタイガースの藤村隆男がベテランらしいコーナーを丁寧につく投球で抑えるも、延長13回に渡辺省三が力尽きて連敗を喫してしまった。

「投手はよく頑張った。ここまで戦ったのだからファンも満足してくれるだろう……」

岸監督は悔しさを滲ませて、タイガースは首位から陥落。3位へ後退した以上に岸が不安を覚えていたのは、〝怪文書〟によって藤村との対立が決定的となったことで、この老人に味方する人間は誰もいなくなってしまったという事実だった。

指揮官ひとり

「ホラ……誰やったっけ。小津安二郎監督の映画に出とった役者。笠智衆《りゅうちしゅう》や。岸さんは笠智衆にそっくりやった。ジェントルマンでな。とにかく静かな男やったわ。早稲田大学から満鉄倶楽部。まぁ、プロ野球と関係ないところから急にタイガースに入ってきて遠慮もあったんちゃいますか。あの時、岸一郎の話し相手になれたのは、新人でケガ人だったぼくくらいやったからね」

元虎風荘の名物寮長でありタイガースに50年勤めた梅本正之は、その人物を思い出す時、出身校も一緒に出てくるクセがあるようだ。１９５５年。当時の新人投手だった梅本は、岸一郎の名を聞くや、よくぞ聞いてくれたとばかりに上気して話し始めた。

「昭和30年いうたら掛布が生まれた年や……初任給は1万３８００円。ぼくはちょっとばかし球が速かったもんやから、その年にタイガースに入団させてもらったんや……新人は24人もおったけど、西村一孔。都留高校から藤倉。あれだけは比較にならんわ。ずば抜けとった。スピードもドロップも度胸のよさも別格や。巨人の川上にも与那嶺にも怯まずに向かっていったわな」

当時18歳。和歌山の耐久高校から投手として入団した梅本は、3月に二軍のオープン戦で先輩投手・西垣一《にしがきまこと》のブルペンキャッチャーをやった際に「ピュッと投げたらキュッと曲がってボキや」で、左手中指を骨折。いきなり戦線離脱してしまう。しかし、なんというケガの功名か。雑用係としてベンチに入ったおかげで、誰も話し相手がいない岸監督との交流が生まれたそうだ。

「あの人が、藤村さんや御園生さん、金田さんと話しているところなんて一度たりとも見たことがないですわ。そりゃ、藤村さんいうたら神様や。素人のじいさん相手に何を話すことがあるんや。主将の金田さん、田宮さんら主戦級の選手だって、バカにして言うこと聞くわけないやん。吉田さんらも若手とはいえ一軍の試合に出とったスタープレイヤーやし接点は少なかったはず。自慢じゃないけど、あの時の岸一郎と話したのはぼくぐらいちゃいますか？

梅本、梅本ってホンマにかわいがってくれてね。ランナーが出ると『梅本、ここはバントかな？』ってぼくに聞いてくるんですよ。いや、そんなん1年目のぼくがプロの作戦なんてわかるわけないやん。わかったことは、監督がこんな状態なんやから、さすがにこらチームもマズイ状態なんやろなってことだけやな」

梅本の回想と資料を辿っていくと、開幕してすぐに岸一郎はベンチで完全に孤立していたことがわかる。主力選手たちから、聞こえるか聞こえないかの声量で「おっさん」「年寄り」とバカにされながらも、スタメンや作戦面などの最低限の意思決定は指揮官である岸一郎が掌握していたようだ。

「サインも一応は出していたみたいやけど、誰と相談するでもなく、誰に何を言われるでもなく。ずっとひとりやった。あれは、ちょっと異様な光景やったと思うで」

その監督としての扱いたるや〝ごまめ（みそっかす）〟そのものだった。虎の群れのど真ん中にいるのに、まったく異質のものとして存在を無視され続けている、この上なく屈辱的な地獄。老人は同じくごまめ仲間の梅本に縋るしかなかったのだろう。

「岸一郎は、いっつもベンチ入り口の階段へ足をカッて掛けてるスタイルや。言葉は滅多にしゃべらん。なんぼ中国の方でやってたって言われても、誰も従うわけないわ。守備の面ではキャッチャーに徳網茂がおったやろ。同志社な。あの人は、インサイドベースボール（頭脳的な野球）をよう知っとったから、グラウンドのなかでは、プレーイングマネージャーみたいな役割を担っとったんやろ」

オープン戦の時点で岸一郎は「若い人たちに任せて、自分は外から見ている」と言っている。話を総合すると、グラウンドのことは藤村、御園生、金田、徳網らに任せ、岸はサインと投手交代を審判に告げる以外、ほぼ何もしていなかったことになる。

「そんな人がなんで歴史ある阪神タイガースの監督になれたんやろな。不思議やわ。なぜ。ホワイ。ぼくも社長に手紙を送ったって聞いたな。岸一郎本人から聞いたけど、そんなん巨人じゃ絶対にあり得へんやろ。そういうところがタイガースっちゅうんかの。野田誠三さんがどんな考えで監督に採用したのかっていうのは、やっぱりどっかからの推薦があったんちゃうかな」

あの時、ベンチにいた選手のほとんどが疑問に思っていた。そしてそれは約70年経った今も何も変わっていない。あの人はいったいなんだったのか、わからない。

「いっつも胸に虎の大きなマークがついている白いジャンパーを着とってな。でもそれがまたカッコええんや。映画俳優の上原謙みたいにシャンとしてな。あとは、娘さんがおって、これがまた宮崎美子みたいなべっぴんさんやった。生きておれば80歳は超えとるやろな。お元気でいらっしゃるやろか」

覚えているのは寂しそうな背中と、静かな微笑み。だが、それも開幕から1カ月が過ぎる頃には様相が変わってくる。

THE END

5月になると岸一郎の顔から生気が失われていた。監督就任以来、一日も絶やすことがなかった好々爺たる穏やかな笑みは貼り付いたような無表情へと変わっていた。

鈍感すぎるまでに選手の感情をキャッチできないといわれた岸も、やっとチーム内に張り巡らされた〝岸監督不信〟の空気を悟ったようだ。

岸老人の顔色をタイガースベンチに今起きている問題のリトマス試験紙にしていたスポニチの荒井忠記者は、いよいよこの問題が山場に差し掛かっていることを理解していた。

今シーズン、試合の取材もそこそこに不穏なベンチの動きを中心に取材を続けていた荒井は、すでに4月の中頃には藤村富美男が岸監督を「年寄り」呼ばわりするなど、監督としての扱いを放棄。ほかの選手も次々と藤村に同調したために、岸一郎がベンチ内で孤立している事実を掴んでいた。

もはやチーム崩壊は決定的。ひとり孤立したベンチで岸は何を想っているのか。荒井は甲子園での試合が終わったのち、何食わぬ顔で岸の自宅を訪れた。

「ちょうどよかった。話し相手がいなくて寂しいからゆっくりしていきなさい」

出迎えてくれた岸は表情もなくそう言うと、今度は日本茶ではなく「夕飯の支度を」と高校生の娘に指示する。込み入った話を聞き出しに来た荒井にとって長居は望むところだった。

「荒井さん……もしも何か足りないところや、気がついたことがあれば父に注意してあげてくださいね」

夕飯を作る高校生の長女が父を案じる声をかけた。気立てのやさしそうな娘さんだ。

「もちろんだよ」

荒井はそう答えながら、現在の岸が置かれた状況を思い返す。この子はお父さんが現場でどんな仕打ちを受けているのか知っているのだろうか。そう考えると胸が苦しくなった。

夕食をすましてから、岸一郎は雑談にまじりながら、ぽつりぽつりと偽らざる今の心境を語り始めた。

「ぼくは意地の悪いことを言ったり、何かをした覚えはない。なのに、選手はぼくの言うことを聞いてくれない。藤村くんだって……」

それは実に弱々しい、哀れな老人の泣き言だった。あまりの悲痛な声に、荒井は理解する。この老人は、最初から気がついていたのだ。自分が場違いな存在であることも。30年前の野球では今のプロ野球に通用しないことも。そして、藤村富美男や御園生崇男だけでなく、若い選手に至るまで、自分という存在が見下されていることも。

それら、すべてのことをちゃんと理解したうえで、誰にも話せないやるせない思いを、誰かにずっと聞いてほしかったのだ。

荒井はかける言葉も見つからないまま、夜更けまで岸一郎の泣き言を聞き続けた。

この夜から2日後のこと。グラウンドでの岸一郎の態度がガラリと変わった。笑顔はすっかり消え、代わりに心を閉ざしたのか、刺々《とげとげ》しい空気を身にまとうようになっていたという。選手たちがその気なら、やってやる。目にものを見せてやる方針への転換を決心したのだと荒井は書いている。

対立構造はさらに明確になっていく。タイガースは5月3日からの北陸シリーズで国鉄を相手に3勝1敗で乗り切ったが、遠征先のベンチで藤村が「こら、オイボレ」と岸を呼んだという話が、ほかのメディアにも掲載され問題が表面化したのだ。

新聞記者たちはいよいよ、タイガースの内紛に対して本格的に探りを入れ始めた。岸は表情を変えずに淡々と答える。

「負け始めると、表面化しないことも出てくるものだし、言われるものだ。チーム内にも、少なくとも私の采配を理解している選手もいる。渡辺博之、白坂長栄、徳網茂らは私を全面的に応援してくれている」

そんな折に出てきたこの発言も、すぐに徳網から「そんな事実はない。迷惑です」と一蹴されてしまう。

ベンチ内で岸の言うことを聞く人は誰もなく、スポーツ新聞をはじめとするメディアも「ボケ老人」「夏までの監督」「大正野球の遺物」「ブランク30年の無能」などなど、岸一郎へのあることないことを並べ立て、藤村や主要選手との対決姿勢を煽り立てた。

もはや誰が見ても末期的な状態。そんな時に限って巨人戦が続き、天気は晴れる。こんなところも運がなかった。

5月7日の第1戦は、西村一孔の好投で終盤までタイガース4対0でリードする楽勝の展開から追いつかれ、10回裏にサヨナラ負けを喰らう最悪の敗戦。9回裏二死から打たれた同点弾は、1週間前にハワイからやってきたエンディ宮本（敏雄）の来日初ホームランで、完全に防げる被弾だった。なぜなら前夜に日系の先輩でありタイガースOBのカイザー田中から「宮本は外角しか打てない。インコースだけ投げておけ」と伝言をあずかっていたのに、それが伝わらず渡辺省三はむざむざ外角球を投げてホームランにされたのだ。

続く8日のダブルヘッダーも第1試合は2対2で迎えた8回裏に、バックホームをキャッチャーの徳網が落球して決勝点を与える痛い敗戦。第2試合は先発した梶岡忠義が6回にピンチの場面で川上哲治を迎え、ベンチは交代の動きを見せるも迷った果てに続投。これが裏目に出て痛打されて逆転負け。なんと対巨人戦6連敗となった。

「こちらの打線が当たっていることもあるが、どうも阪神ベンチの投手交代がまずくて大いに助かりますよ」

僅差でありながら面白いように流れが自軍に向いて勝ってしまう。水原監督も笑いが止まらなかった。

一方のタイガースナインはこの時の巨人戦を「何度やっても勝てる気がしなかった」と、のちに回想している。点差以上に気持ちの部分で圧倒的な差を感じていたようだ。

さらにそのまた1週間後。週末は本拠地甲子園で三連戦だった。しかし、もはやタイガースに覇気がないのは明らか。後楽園での首位攻防の時は4万5000人が入っていた観客もすでに見切りをつけたのか2万5000人までに減っていた。覆しがたい空気に抗うこともできずタイガースは巨人にいいようにやられ、2対9、0対6、2対7と大差でボロ負けの3タテを喰らう。

振り返れば巨人戦は最初の1試合を勝ったのみで、その後9連敗という伝統の一戦が始まって以来の惨状だった。おまけに開幕前に「打たせる投手がどうかしている」と挑発した巨人・千葉茂が3割7分1厘で首位打者、川上哲治が3割5分5厘で打撃十傑の1位2位に復活と見事に打ちまくられる逆神っぷり。

「いくら巨人に喰われようとも、下位球団から手堅く勝っていけば同じこと」

岸の負け惜しみに声をかけてくれたのは「アホー」「じいさん、はよやめろー」と怒り猛ったスタンドのタイガースファンだけだった。

一番勝たねばならない巨人戦でのこの失態。ある主力選手が「9連敗のうち、少なくとも3試合は投手交代を手際よくやれていたら勝てていた」と新聞にボヤいていたように、岸監督への不信は次々と伝播し、ついに電鉄本社からも「岸監督を更迭するべき」という声が上がり始めてしまう。

後ろ盾になっていた野田オーナーも最初のうちは「現場に選手起用を指示していた」なんて噂も飛んでいたが、いつしか岸の話題を口にすることはなくなっていたという。

もともとがどこから来たのかあやふやなうえに、プロとのパイプも後ろ盾もまったく持っていない素人老人。オーナーの後ろ盾を失ってしまえば、もはやタイガースに岸を擁護する人は誰もいなかった。

「手堅く勝ちにいく」と宣言した5月17日からの〝下位球団〟国鉄三連戦。これを二つ落としたところで岸一郎の命運は尽きた。

5月21日。中日戦のために名古屋へと移動するタイガースの一行のなかに、岸一郎の姿はなかった。

午後4時になり、宿舎である香取旅館の広間に選手全員が集められる。彼らの前で田中専務が話を始めた。

「岸監督の方から健康状態が思わしくないため、しばらく休養させてほしいとの申し出があった。協議の末、藤村君に助監督のままここ当分の代理監督をしてもらうのでよろしく頼む」

突然すぎる監督休養の通達も、タイガースの選手たちはたいした驚きもなく受け止めた。

その後、報道陣を前に田中が発表した岸一郎の休養の理由は〝痔瘻《じろう》の悪化〟による手術を行うためだという。復帰の時期は未定。

改めて……あんまりな休養理由である。せめて「体調不良」とか、もう少しオブラートに包んだ言い方はなかったのか。さらに帰阪した岸を直撃したスポニチの荒井記者には「何が病気休養だ。ぼくは病気じゃない。球団から病気休養の名目を押しつけられた。ぼくは監督として失敗したとは思っていない。冷却期間を置いてカムバックする」と強い口調で語っている。

それらのことを考えると、この休養の理由は、岸の存在を疎ましく思っていた誰かが、ただ岸一郎を辱めるためだけに病名をでっち上げた中傷であるようにも思えてくる。

岸一郎がタイガースのベンチに帰ってくることはこの先二度となかった。

やがて半年が経ち、誰もが岸一郎の名前を忘れ始めていた1955年の秋。代理監督を務めた藤村富美男が正式に監督に昇格すると、岸一郎には〝技術顧問〟という名ばかりの肩書が与えられた。

33試合16勝17敗(うち巨人戦1勝9敗)。勝率4割8分5厘。これが岸一郎の監督としての数字のすべてである。数字は雄弁に事実を語るが、人の心までは映さない。

岸が野田に送った『タイガース再建論』。それは投手を中心とした守りの野球と、藤村富美男をはじめベテランから若手へと切り替えを進め、投手のローテーションを回し、競争のなかから積極的に若い投手を登用しようと理想を描いた新しいタイガースである。

「何はなくとも、完投能力のある投手を4人は作りたい」

就任会見で宣言したマニフェスト。半人前だった大崎三男、渡辺省三、小山正明の若手投手はこの年で一気に主戦投手に名乗りを上げ、これに22勝の西村一孔も加わり、奇《く》しくも岸が目指した4人の完投型先発が揃うことになる。一方で藤村・金田任せの野手陣は前年のラインナップからほぼ変わらず。新人の鹿野鉱一、木村一夫内野手と2年目の横山光次外野手、3年目の石垣一夫捕手が数試合に出場したのみだが、この年で吉田義男・三宅秀史の三遊間が完成し、この後の〝守り勝つタイガース〟への足掛かりを掴んだという功績は忘れてはならない。

あの口さがない大井廣介も「岸一郎のただひとつの功績」として、「西村一孔を指導し、抜擢したことだ。フォームがよくなり、スピードを増しカーブもブレーキがついた。投手を育てた歴史のないチームで主戦投手を作った功績は買っていい」と讃えている。

だが、敗軍の将の功績など、誰の記憶にもとどまらないのだろう。西村本人は後年になって岸に対しての印象をこのように語っている。

「あまり、印象にない。いつもポケットに手を入れてあまり話をしてもらった覚えもない。初めてのキャンプでコーチの御園生さんと徳網さんが相談していましたが、ぼくの変わったフォームは球が来ているからそのままでいこうという結論になりました。開幕投手に抜擢されたこともブルペンでほかの投手と一緒に投げていて、自分でもぼくの球に一番威力があると思っていましたから、当たり前のことという受け止め方だったですよ」

西村一孔はこの後、肩を壊しわずか4年で現役を引退する。

プロ野球界の人間からすればまったく意味のわからない監督抜擢であった老人・岸一郎は、こうして表舞台から去った。歴史的にみれば、わずか33試合。期間にすればほんの2カ月弱の取るに足らない隙間の出来事である。

しかし、主力選手が監督を無視、反抗し、ついにその座から追い落としてしまった事実は重い。選手に勝利感を与えてしまったこの処置が〝揉める阪神〟の導火線になっていたことは、球団も選手もまだ気がついていなかった。

ベンチからナインを鼓舞する……ようなポーズをとる岸一郎　（写真＝神戸新聞社）

第4章　ミスタータイガース

巨人阪神

「岸一郎さん……もちろん、知っていますよ」

まもなく90歳になろうという広岡達朗からは思わぬ明朗な返事が返ってきた。お元気である。監督時代、肉食から玄米食に改めさせるなど食生活の改善から、明確な野球理論のもと選手を指導教育していった指揮官は、今もなお、野球界のご意見番として舌鋒鋭い提言を発信し続けている。

だがおそらく。広岡にとって岸一郎はライバルチームのタイガース監督という前に、早稲田大学の38級上の大先輩であるのだろう。その評価はどこか遠慮があるように思えた。

「岸さんは監督としては目立ちませんが、当たり前のことを当たり前にやれる監督ですよ。タイプとしてはピッチャー出身なだけに投手陣の育成に力を注いでいましたね。私ども巨人軍は岸さんと試合もやらせてもらいましたが、地道に指揮を執られていたという印象です」

岸が敵軍の監督だった1955年、広岡は大学卒業2年目の巨人軍新進気鋭のショートだった。

そんな彼が監督としての岸に致命傷を負わせた巨人戦での9連敗について、当時の『ベースボールマガジン』6月号で行われた両チーム選手による3対3の座談会に参加している。

あまりにも一方的な巨人の大勝に終わってしまったからだろうか。エース大友工が「打線は巨人より阪神の方が怖い」と言えば、ベテラン千葉茂も「阪神も去年よりずっと迫力がついた」と続いて同調する。最年少の広岡も「そう思います。ぼくは2年目ですけど今年のタイガースは甘く入ればみんな打たれる気がします」と暗いタイガース選手たちを前にして一様に腫れ物を扱っているかのような空気が実に痛々しいのであるが、本音の部分では巨人の選手たちはタイガースをどう思っていたのだろうか。ほぼ70年後の広岡が答える。

「私も実際にまだ2年目ではありましたけど、巨人というのは勝つことが当たり前。選手権に出て当たり前。そういうことは理解していましたね。だから、阪神と試合をやっても絶対に負けないですよ。勝つことが当たり前。そう思って戦っていましたからね。監督は水原茂。だけど監督が目立つこともない。川上、千葉、選手みんながそう。ただ勝つことにだけ向かう、巨人の野球を理解していますからね。それが巨人ですよ……ねぇ。今の巨人を見てごらんなさいよ。負けるのが当たり前になっているじゃないか。選手権に2年連続で出てもソフトバンクに1回も勝てないのが当たり前。どうなってんだって。おかしいよ！」

タイガースのことを聞いても、いつの間にか巨人に対する愛情と、情けないという憤慨を少しもオブラートに包み隠さず直言してしまう。これもまた愛情表現。これぞ広岡達朗。今なお舌鋒衰えず。

「それで……岸さんにはプロ野球経験がないからと藤村富美男らに虐げられたとね。冗談じゃないですよ。私が早稲田大学の頃は、石井藤吉郎や荒川宗一、宮原実に末吉俊信という諸先輩方から『プロ野球は堕落しているから行くな』と逆に言われたもんです。当時は大学野球の方が格式が上。しかも早稲田の先輩の言うことなんて絶対ですよ。それでも私は志を持って巨人へ進んだ。早稲田から蔭山和夫さんが行かれて、立教から長嶋や本屋敷が行って、そうしてプロ野球が徐々によくなっていったんです。でもそれっきり。今のプロ野球はあの時、先輩らが言った通り堕落しきっているじゃないか。ぼくらの頃の監督ってのは負けたら責任を取って辞めたんです！　岸さんは負けた結果として辞めてるじゃないの。これは男気があるということ。今の原なんか選手権でいくら負けても責任なんか取りゃしない。そりゃそうだ。何億ともらっているからね！　辞めるわけないですよ！」

憤懣《ふんまん》やるかたない想いはごもっともだが、70年前に話を戻したい。広岡は藤村兄弟とは同じ広島県は呉の出身である。ちなみにこの時の呉には、南海の「親分」こと鶴岡一人や柚木《ゆき》進、国鉄の監督となる浜崎真二らがいる、町内の野球偏差値がとんでもなく高い地域であった。

藤村富美男は呉港中学で春夏通じて甲子園に6度出場。１９３４年夏の決勝・熊本工戦は生涯のライバルとなる川上哲治を3打席3三振に封じ、深紅の優勝旗を手に入れた。

「呉に凱旋した時の市民の熱狂ぶりは連合艦隊が入港した時以上だった」という市民の記憶は今にも言い伝えられているという。

その藤村に長嶋茂雄がずっと憧れを抱き、自身のプレースタイルにも多大な影響を受けていたという話は有名だが、2歳の時に全国優勝を果たした同町の英雄・藤村富美男のことを広岡はどう見ていたのだろうか。

「ええ、知っていましたよ。といいますかね。私の家はずっと呉の借家に住んでいたんです。うちが1階で、2階には……藤村さんの兄弟が住んでいました。それでうちの父は海軍の軍人だったので、テニスボールとかも手に入るんですよ。でもあの兄弟はそれを取りやがるんだ。取り返そうとすると、うちの兄貴なんかは『いい、追っかけるな。やられるから追っかけるな』と言って諦めさせていた。そういうぐらいね、おっかなかったんだよ。藤村さんの行っていた呉港中も当時は札付きの連中が行く学校だった。近所には呉港中に入った柚木進さんもいたけど『おれは法政大学だ！』って言い張ってましたからね。岸さんも、いい加減バカらしくなって辞めたんじゃないでしょうか。監督が〝突撃〟と号令をかけても兵士が誰も動かないんでしょ。組織として狂ってますよ。ただ原みたいにすぐそばに友達みたいなコーチと群れてやるもんでもないけどね！　原こそ早く辞めるべきですよ！」

藤村代理監督の快進撃

老人は去り、そして虎が頭領となった。

時間を5月21日、名古屋での中日三連戦に戻す。試合前に岸一郎監督の休養と、代理監督に藤村富美男が就くことが発表された。

「今は何も言いたくない。ただチームの力を把握して力いっぱいやるだけ」

藤村はいつも通りメディアには多くを語らなかった。それゆえに「岸一郎をいじめ抜き、追放した張本人なのではないか」と匂わせる様々な憶測記事の標的となっていくのだが、指揮官となった藤村は、そんな噂も含めてこれまでの鬱積を一気に晴らすような胸のすく采配を見せる。

まずは代理監督を拝命したその日の中日戦だった。先発の西尾慈高から西村一孔の継投で中日を完封リレー。9回に吉田義男のヒットから無死二、三塁のチャンスを作ると、最後は藤村大将御自ら決勝の犠牲フライを放ち、見事に初戦を勝利で飾った。

翌日のダブルヘッダー第1試合では、岸の若手優先起用のあおりでこれまで出番のほぼなかったベテラン真田重蔵を先発のマウンドに送る。

「フジさんが監督になって、すぐに使ってくれてうれしかった」

起用に応えた真田は、なんとこの試合を完封してしまう。

流れを掴んだかのように、ベンチに活気が戻ってきた。首位巨人とのゲーム差はまだ5つ。続く大洋戦も勝ち越し、さぁ、次は直接対決で1勝9敗と一方的に負けている巨人戦だ。

「巨人戦1シーズンに9連敗なんて未曽有の事態はファンの皆様に対して不面目きわまりない。私は岸さんみたいに大言壮語を吐かない。ただファイトを燃やして全員を引っ張っていくのみ。投手は確かに弱いかもしれないが若手老練を総動員していく」

5月28日。「ここからはひとつも負けない」という気魄で迎えた新体制での巨人との初戦は、藤村富美男が大将となったことでタイガースの野球が変わったことをまざまざと見せつけた。

藤村は初手から奇策で周囲を驚かせる。1回先発の西尾慈高が、先頭打者にフォアボールを出した瞬間、藤村はベンチから飛び出し球審に何かを告げる。

まさかのピッチャー交代だった。スタンドがどよめくなか、西尾は打者ひとりだけで渡辺省三にスイッチすると、見事後続を断ち切る好投を見せる。

攻撃では1点リードを奪われた4回。一、二塁のチャンスにベンチから藤村代理監督が相棒の物干し竿を片手に登場した。

「代打、ワシや」

スタンドは待ってましたの大喝采。しかも藤村は、この期待に応えて巨人のエース大友工からレフトスタンドへ特大の逆転本塁打を打ち込んでしまうのだ。

熱狂するタイガースファンの声援に、ダイヤモンドを悠々と回る千両役者。三塁ベースを回る時につまずくような滑稽なそぶりをすると、スタンドのあちこちで笑いが起きた。

「まるで藤村劇場や」

完全に藤村ひとりの力で、連敗の空気を変えてしまった。これぞスーパースターの真骨頂。逆転したタイガースはその後のマウンドを西村一孔に託し、見事にこの試合を逃げ切った。9試合ぶりの巨人戦勝利。藤村の思い切った采配が、フラストレーションの溜まりに溜まっていたタイガースファンに、胸のすくような勝利をもたらしてくれたのである。

続く7月12日の巨人戦も大崎三男、西村の好投で快勝。19日は9回にタイガースが1対1の同点に追いつきなお一死三塁、逆転の場面で打席には4番藤村富美男という大チャンスが巡ってきた。誰もが先日のホームランを思い描き球場は大きな期待に包まれる。ここで打席に入った藤村は突如三塁前にセーフティバントを転がした。

「しまった！」

これには巨人サードの柏枝文治《かしわえだぶんじ》、虚を突かれてスタートが遅れ、三塁ランナー金田が逆転のホームイン。齢《よわい》39、藤村富美男も一塁を懸命に駆け抜けセーフ！　まさかのセーフティスクイズでの逆転劇！　これぞプロ野球！　これぞエンターテインメント！　興奮したファンたちは口々に叫んだ。

「最初から藤村富美男を監督にしときゃよかったんや」

「岸一郎なんて二度と呼び戻すな」

そんなイケイケのムードに乗ってタイガースは覚醒したように勝利を重ねていく。なんと、岸の休養から前半戦終了までの25試合を18勝7敗、勝率にして7割2分という驚異の好成績を収めたのである。

この結果にキャッチャーの徳網茂は改めて感嘆の声を漏らす。

「フジさんの勝負勘はすごかった。やっぱり20年来、プロで勝負してきている人は違いますね。勝負師の本領というものが身に備わっているんでしょう。うちは中日の杉下のようなエースがいないから、どうしても継投策によってかわしていくしかない。これが難しいんだけどフジさんの勝負勘が今のところ冴えまくって高い確率で成功している。勝負師として長年培ったカンですよ。これはよほどのプロ野球経験者でない限り、いくら野球技術に秀でている人でもできることじゃないですよ」

タイガース最大の課題だった投手陣の再生。岸一郎はそのために、大崎三男、小山正明、渡辺省三、西村一孔と若手投手を中心に据え、先発完投を目標とする投手運用をしてきた。

ゆえに交代時期が遅いとも酷評され、試合を落とすこともたびたびあった。

一方の藤村代理監督はベテランも若手も分け隔てなく使い、ダメと見れば先頭打者で見切るなど思い切った投手交代もやった。

そして勝てるゲームと見たら、勝ち頭である西村一孔を惜しげもなく投入して3イニングぐらいは放らせる。

一応、作戦は首脳陣での合議制をとっているという建前ではあったが、投手コーチの御園生に聞くと「投手交代はほとんどフジさんがやっている。その方がいいだろう……」とやはり関知していない様子。

攻撃面でも金田主将は「こちらからとやかく言わない方が〝雨降って地固まる〟ということもあるでしょう」と含みを持たせながらも独断専行やむを得ず、といった物言いだ。

ただひとつ、好転したチーム状況のなか、藤村が代理監督になったことで自身がメンバーから外れることが多くなった。

藤村の代わりの4番ファーストには本職がキャッチャーの谷田比呂美であり、後藤次男が入ることが増えたが、9月に入ってからは1試合を除き田宮謙次郎が4番に定着することになった。

後半戦に入ってからもタイガースは5割以上の勝率を挙げたが、中日・巨人には追いつけず、結局、首位と20・5ゲームもの大差をつけられ3位のままシーズンを終える。ただし、巨人との戦いは藤村代理監督以降、8勝7敗1分けと五分に戦った。大洋が巨人に22敗したおかげでゲーム差が開いてしまったのだ。

「前半戦で出遅れてしまった分、難しいシーズンではあったが、よく巻き返してくれたとは思っている。なにより西村をはじめ若い投手が揃ってきた。来年は優勝を狙いたい」

この年、タイガースの個人成績を見ると西村一孔が22勝を挙げて新人王に輝いたほか渡辺省三が18勝。吉田義男は最多安打で、ショートのベストナイン。三宅秀史は126試合に出場して鉄壁の守備と強肩を見せサードのレギュラーを確立するなど、念願だった若い力が一定の結果を残しつつあった。

世間では半年前に岸一郎が監督だったことなど、とうの昔に忘れ去られていたかのように、まったく名前を見なくなっていた。

選手としての藤村富美男は112試合に出場。2割6分9厘と戦後最も悪い成績に終わり、日暮れ時が近いことを予感させる秋となった。

「兼任監督を続けるべきか。選手を引退して監督一本になるか」

藤村の決断に注目が集まっていた。

くすぶる火種

ミスタータイガース。初代を藤村富美男とするこのタイガースにおける生え抜き看板選手の呼称には、人によってばらつきがある。2代目が村山実、3代目を田淵幸一、4代目は掛布雅之などなどタイガースの生え抜きで時代を作った大看板の選手を挙げる人もいれば、いや、田淵が入るなら江夏豊も入るだろう。それなら戦前の景浦将《かげうらまさる》だって、移籍したとはいえ若林忠志だって資格は十分にある。新庄剛志、今岡誠、鳥谷敬は……と言い出したらキリがなくなるこの論争。しかしその一方で、自身も〝ミスター〟候補に数えられることもある吉田義男はこう断言する。

「ミスタータイガースは歴史上ひとりだけ。藤村富美男さんだけですわ」

歴史に「たられば」はないのかもしれないが、もしも時間を巻き戻せるのであれば、1954年のあの秋。岸一郎ではなく藤村富美男がすんなりと監督になっていれば、その後の内部抗争は起きなかったかもしれない。藤村の次の監督は金田正泰に受け継がれ、リーグ優勝も1、2回はできていたのではないだろうか。

たった1年の差ではある。だが、そう思わせるだけの無念が残る。

1955年の11月。代理監督だった藤村富美男は、正式に大阪タイガースの第9代監督に任命された。1946年にも兼任監督を任されているが、あの時は監督だった若林忠志が戦争で疎開して不在ゆえの代理という立場。名実ともにトップとしての監督は、これが最初となる。

「球団創立以来お世話になってきた自分としては、粉骨砕身、球団のために尽くしたい。目標である優勝のために上から下まで心をひとつにしてやりたい」

これまでと同じように、殊勝な言葉で決意を述べる藤村の会見は、球団生え抜きの正統な監督としての誇りを感じさせると同時に「チャンスには思い切った奇策を打つ」と、藤村らしい派手な采配の予告をするのも忘れなかった。ただ、ひとつ気にかかったことは、この就任会見でも岸一郎の時と同じ「心をひとつに」という言葉が出てくることだった。

スタッフには投手コーチ御園生崇男、二軍監督河西俊雄は変わらず。新しく梶岡忠義が二軍投手コーチに、そして岸一郎が名前ばかりの技術顧問に就任したが、なにより周囲の関心事は来季の藤村が「兼任監督」のままでいくのか、それとも選手を引退して「監督一本」でやるのか、その決断だった。

「選手を続けるのかどうかは、来年のキャンプでの動きを見てから。チームの戦力と自分の力を考えて態度を決めたい」

藤村はどちらともつかない態度で言葉を濁した。

「まだ続けるつもりなんか。あの人がホームランを打ってワシらが凡打でもしようもんならボロクソ言われるからなぁ。いつまで続けるつもりなんやろう」

監督就任会見での藤村の言葉を伝え聞いたタイガースのある主力選手は、あからさまに慨嘆したという。チーム内には、藤村の兼任監督に対する不満の空気がじっとりと滞留していた。

岸から指揮官を譲り受けた昨年の5月後半以降、藤村は「ファイトを燃やして全員を引っ張る」の言葉通り、選手たちに激しい叱咤を飛ばして戦った。それはチームを鼓舞したといえば聞こえがいいが、実際の現場ではミスを犯した選手に対しては大声で怒鳴りつけ、自分が活躍した時には「こうやって打つんや」と得意満面に振る舞うこともあったという。当時のある中堅選手が回想している。

「藤村さんはスーパースターであるがゆえに、自分以外の選手が活躍すると嫉妬心を露わにしました。プレイヤーとしての対抗心は大事なことなのかもしれないけど、他人の殊勲を自分の手柄に横取りしてしまうようなことを、監督になってからもやっていては選手の心は離れていきますよ」

藤村富美男は余人をもって代え難いスタープレイヤーである。球団創設以来の功労者であり、1950年にタイガースを割った毎日引き抜き事件では「ワシはタイガースの藤村や」「出て行ったやつらが勝つか、残ったものが勝つかの勝負」と啖呵を切った。タイガースのファンや球団首脳は涙を流さんばかりに感動し、藤村富美男という英雄を神様のように崇め奉った。ゆえに、藤村富美男のやることには特別待遇ともいえるほど、その振る舞いに対しても思うがままにさせてきた。

こんな話が残っている。この1956年5月から甲子園球場には照明設備が完成しナイターが行われるようになった。これに文句をつけてきたのが甲子園沖の大阪湾で夜間操業をしている漁師の人々だ。当時、高い建物が何もなかった甲子園周辺では、ナイターの灯りが沖の海までも照らしてしまい、漁に悪影響が出ているという怒りの訴えである。

しかし、怒れる人々も結局はタイガースファンだった。藤村が説明に出張っていくと、そんな怒りも最初からなかったかのように「頑張ってくれ」「応援している」「どんどん照らせ」とすべてが解決してしまったという。

ファンというものはいつの時代も惚れたもの負け。過去のどんな名選手を振り返ってみても、たとえ理不尽で、根性がひねくれていて、酒癖も女癖も性格も悪いと囁かれていようとも、目の前で熱をくれる選手がいればそれが正義なのだ。藤村富美男は誰よりもタイガースファンの生態を理解し、その難しくも繊細な〝乙虎心〟をがっちりと掴んでいた。

「いや、でも結局は自分が目立ちたいだけのスタンドプレーですやん」

一方で、真面目にプレーする選手たちにとっては、藤村のド派手なプレーも独善的なスタンドプレーとして映るようになっていた。

「試合前のバッティング練習ではスタンドのファンを意識して遅れて登場し、まだ打ってない選手もいるのに、最後まで長々とひとり打ち続ける」

「兼任監督になってからは、打てそうな投手の時だけ出場し、苦手な投手の時は出場しない」

そんな意見が出てくるのも、なるほどスタメンを見ればこの年、藤村の定位置だった4番サードには4年目の三宅秀史、大ベテランの真田重蔵が多く起用されている。三宅は打撃に成長が見られたとはいえ、打率2割2分、5本塁打。投手が本業だった真田に至っては2割7厘、2本塁打とおおよそ4番を打てるような数字ではない。結局、藤村が途中から交代して入るため、アテ馬的に使われたともいえる。

それらのことも、藤村富美男というタイガースの大看板を輝かせるゆえに許容するしかないこともわかってはいる。だが、それにも限界がある。不満という燃料を溜め込んでいった選手、特にベテラン選手の許容量は日に日に限界値に近づいていった。

なかでも以前から不仲が噂されていた金田正泰との関係は、いよいよ決裂寸前だった。

それが顕在化したのが6月10日の国鉄との試合前。藤村監督と金田主将の間で選手の起用法を巡って、外まで聞こえる大声で罵り合う大ゲンカが起きてしまったのだ。

一度火がついた炎は試合に入っても収まることはなく、中途半端な走塁で金田がアウトになるのを合図に、2匹の虎がついに牙を交えた。

「カネ、ちゃんとスライディングせえや」

ベンチに帰ってきた金田を藤村が大声で叱責する。金田も負けずに言い返す。

「おい、フジさん。あんたにだけは言われたくないわ。あんたスライディングしたことあんのか？」

雌雄の虎と喩えられたこともあるベテラン両巨頭による一触即発の空気に、ベンチの中はすべての生き物が死に絶えたかのように静まり返った。絶望である。若い選手たちにとっては、無能かもしれないが、少なくとも無害ではあった岸一郎の方がよっぽどマシだった。

しかしタイガースとは、なんと不思議なチームなのか。これだけチーム内に不満が充満している状態にもかかわらず、この試合にも勝ってしまうのだ。いや、この年のタイガースは、こんな状況でも優勝争いできるほど強かったと見るべきか。

新人王西村一孔は前年の酷使による肩の不調で出遅れていたが、小山正明が精密機械に喩えられたコントロールに目覚め17勝、防御率1・66と抜群の活躍を見せれば、大崎三男は

25勝でチーム最多勝。渡辺省三は22勝の防御率1・45で最優秀防御率のタイトルを獲得と、期待の若手3人が、それぞれエース級の投手として独り立ちを果たしている。

看板だった打線はチーム打率2割2分4厘とふるわず、3割を打ったのは4番田宮謙次郎のみで、あとは新人の大津淳が打率1割7分3厘と衰えを見せた金田からレギュラーを奪いクリーンナップに定着。ファーストへコンバートされた渡辺博之も2割2分7厘と急激に数字を落とすなど、つい昨年まで打高投低といわれてきたチームが、投手力と堅い守りで勝ちを拾っていくチームに変貌していったのである。

タイガースは開幕から10試合を9勝1敗といきなりスタートダッシュを成功させ首位に立つと、負けじと宿敵巨人軍がすぐに追い抜く。しかしタイガースも投手力が安定している分負けても連敗はせず、巨人の後ろにぴったりとつける。

タイガース投手陣の好調の陰には監督藤村の勝負勘であり、投手交代の的確さが光ったが、その一方でプレイヤーとしての藤村は出場機会を大幅に減らし、5月23日以降はスタメンに名前を連ねることすらなくなっている。

それでも藤村は藤村だった。6月24日の対広島戦。先発が互いに好投し、1対0のビハインドで迎えた9回の裏。広島はエース長谷川良平を投入し逃げ切りを図るも、タイガースはツーアウトで満塁のチャンスを作る。ここでファーストベースコーチに立っていた金田正泰主将が、先日大ゲンカした藤村富美男に代打に行ってくれと合図を出した。

サードコーチャーズボックスにいた藤村は、球審に近寄りこう告げた。

「代打、ワシや」

沸き起こる観客の大歓声とともに打席に入った藤村は、長谷川良平のベストボールを一閃《いっせん》するや、レフトスタンドへ豪快に放り込む。代打逆転サヨナラ満塁本塁打。日本球界史上2人目となる誰にも文句をいわせないド派手な幕切れは、藤村富美男224本目のホームランにして、その野球人生における最後の一発となった。

この試合で勢いづいたタイガースは、7月も調子をキープし、29日にはついに首位を奪取。さらに8月11日には貯金28で2位巨人に5ゲーム差をつける独走態勢に入ろうとしていた。

しかし表層上の結果だけ追い求めてみても、裏側で何が起きているのかわからないのがタイガース。実はこの時点ですでにチームの中身はバラバラだった。

藤村富美男vsベテラン主力選手。またよりにもよって、優勝を決めようという大事な時期に一触即発の空気はさらに醸成されていた。

『プロ野球史再発掘』という書籍での対談で、藤村はこの夏の出来事を回想している。

〈もう夏ごろにはモヤモヤしてきよった。「優勝なんかさすかい」と言っている選手があるという事が、私の耳に入ったわけなんです。そういうことを言うたやつがあるのです。「今にガタがきよるわい」こんなことを言っている。5ゲーム差で勝っている時にですよ？〉

なんということか。若手投手がようやっと独り立ちし、宿敵巨人に対しても勝ち切ってやっと悲願の優勝が見えてきたところだ。これが普通のチームであればどんなに仲の悪いチームでも、〝勝ち〟という結果を得ることで団結力は強まっていくのであるが、そんな常識はタイガースのモノサシでは測れない。2リーグ分裂以来、悲願としてきた優勝に最も近づいたこの絶好のチャンスに、内輪揉めでの疑心暗鬼。最悪の空気で臨んだこの夏の正念場。タイガースは8月18〜19日の巨人戦に3連敗を喫して首位を奪還されてしまう。

このままずるずると落ちていくのか。いいや。そんな壊滅的な空気を黙って見ている田中義一ではなかった。

チームの空気を少しでもよくしようと、球団史上で初めて、東京から大阪へと帰る移動手段に飛行機を使ってみた。移動時間も短く、快適すぎる大空の旅。そして大事な会合といえば梅田の「ヘンリー」。このレストランで選手全員にフルコースディナーを振る舞う慰労会を開いては、監督と選手の間に生じたわだかまりをどうにか埋めようと腐心している。

だがそんな工作も虎に翼とはならず、融和工作は失敗。田中は「無念」と病床に臥《ふ》した。

その後のタイガースは、巨人との直接対決こそ5試合で2勝2敗1分と五分に善戦したものの、最終的に4・5ゲーム差をつけられて、一時は手の中に収まりそうだった優勝をまたしても逃してしまう。再び藤村の回想。

〈ぽつぽつ選手権の準備をさせようか、というくらいだったのです。「ちょっと待ってください。実はチームの中がこういうふうな状態になっている。もう少し待ってくれ」といった。そうしている間に8月が終わる前にガタガタっときちゃった。田中（義一）さんに「それ見なさい」というたら、「お前がなんとかしろよ」という。しかしどうにもできやせんのや。そのうち新聞が下林常務のことからなにからみな書きよった〉

藤村の言う〝新聞が下林常務のことからなにから〟とは「藤村が球団の下林常務と組んで、いくら活躍しても給料が上がらないように仕組んでいる」という根も葉もないデマのことである。

そう、給料問題。これがやがて来る大爆発の火種となった。

前述した通り、戦後の復興期にあった1950年代前半に入団した若手の吉田義男や三宅秀史、テスト入団の渡辺省三や大崎三男、小山正明らはそもそもの給与ベースが低く抑えられており、昨年の西村一孔や今年の井崎勤也など高額契約で入団した選手とは出発点からして天と地ほどの差があった。

この給与ベースの格差に対しての球団への不満は本来、常務の下林良行へ向けられるべきものである。しかし、矛先が藤村富美男へと向けられてしまったことも、藤村が金に対してさっぱりしており執着がないことがマイナスに作用してしまったからだ。

「おまえと契約する時はあまり困らせんから非常にやりやすい」と契約更改のたびに田中義一にそう言われていたように、藤村は球団に言われるがままの金額で男らしく即サインをしてしまう。そんな性格が他の選手の賃上げを阻害するものとして批判の的にされた。

何度も書くが、藤村富美男は、グラウンドでは猛人と化し闘争本能を露わにして闘うが、ユニフォームを脱げば酒も飲まず、アンパンと家族を愛する紳士であった。

そして球団に対しても盾突くような真似は一切しない。それが選手たちにとっては「リーダーのくせに何もしてくれない」＝「藤村が悪いのではないか」と問題が微妙にトランスフォームしながら、やがて藤村を排斥する決議へと進んでいってしまう。

〈(この年25勝を挙げる)大崎三男というピッチャーがナゴヤでこんなことを言いよった。「オレが20勝したら給料を上げてくれと騒ぐ。だからオレを試合に出さんようにしようと、監督と田中さんが一緒に相談したというのは本当か」というのです。そんなことないのですよ。あるはずがない。「何を言うか。おまえを使う」といって、実際に使って勝った。そんなことまで誰かがデマを飛ばしていた〉

火の気のない場所でも火をおこせる。火があるところは大火が起きる。タイガースの伝統的お家芸の始まりである。優勝目前というすべてが順調に回るはずのタイミングで、あらぬところから火の手が上がってしまうさまは怪奇現象のようであった。

だが、これも突き詰めていけば〝藤村富美男への不満〟という火薬が少しずつ少しずつ堆積されてきた結果なのだ。

岸一郎が追われた際、藤村富美男びいきの大井廣介とてこんなことを書いている。

「岸さんを藤村に代えた球団処置は間違っていたとは思わない。しかし、監督を監督とも思わない藤村の態度は承服いたしかねる」

不満という火薬を徐々に蓄えていったのが藤村であるならば、導火線を作ったのは、岸一郎か。岸が監督の時分に、藤村はその采配に従わず、選手たちの前で「年寄り」「こら、オイボレ」と悪しざまに罵るなど、監督としての尊厳をないものにしていた。

この時の藤村の姿勢を選手たちは見ていたのである。監督といえども間違えているものは間違えていると言うべきだし、抗議することだって、追放することだってできる。ある意味巨人とは真逆の、命令系統を無効化する、組織として特殊すぎる前例を生み出してしまっていた。

藤村に対する日頃の不満という〝火薬〟が溜まり、岸という〝導火線〟もできた。そして、この大崎のように、待遇や賃金に対する選手たちの不満が〝種火〟となって、この「藤村排斥事件」というタイガース史に残る大事件が起こるのである。

藤村排斥事件

「ぼくは立命館大学1年の時に中途退学してタイガースに入っているんです。スカウトの青木一三さんが毎日京都に来てくれて『藤村さんと金田さんが吉田くんならプロでも十分にやっていけると言っている』という言葉を信じて入団しました。ところが、初顔合わせの時に、両人ともそんな話はまったく知らないんです。大ウソですわ。それどころか藤村さんには『やけに背が小さいやせっぽちの男がいるな。マネージャーが入ったのか?』と思われていたらしいですよ」

吉田義男は幼少の頃から、藤村富美男が憧れだった。そんな人からのラブコールは、大学を中退してまでタイガースに入団する力となった。入団後も吉田は藤村の用具係を担当し、試合中はサードのポジションまでグローブを持っていく。移動の際にはボストンバッグに3本指のグローブを入れ、〝物干し竿〟を37インチが入る特注のバットケースに3本＋自分の34インチを3本入れて後生大切に運んでいたという。

「新人の頃の藤村富美男さんなんて、本当に雲の上の人ですわ。聞きたいことは山ほどあるけど、簡単に口なんて利けません。存在感がすごいですから、ちょっとした一言でもビビってしまうというかね。遠くから練習する姿を見ていたり、グローブやバットを眺めて、こういう風に使っているんだって観察したりするぐらいしかできなかったですよ」

そんな吉田が入団からわずか4年後に、藤村排斥派に名前を連ねることになってしまう。しかも若手グループの筆頭として、だ。

1956年の11月。岸一郎の前の監督にして、大映スターズ打撃コーチの松木謙治郎が藤本定義監督の辞任を受けて大映の監督に昇格した。

これを祝うために大阪で監督就任の祝賀会に集まったメンバー金田正泰、真田重蔵、田宮謙次郎、徳網茂、白坂長栄、日下章。そして渡辺省三、大崎三男、吉田義男、小山正明、西尾慈高、石垣一夫、三宅秀史からなる〝大阪方の13人〟は、スカウトの青木一三が言うところの「絶対にクビにできないチームの中心メンバー」でもあった。

「結局、あの騒動はなんだったのか。今でも何がなんだかわかりませんねん。小山も三宅も一緒ですわ。靭《うつぼ》公園の裏手にあった金田さんの大きいお宅に選手が集合して『タイガースを強くするにはどうすればいいか』をテーマに、いろいろな話をしていたと思っとったんです。ところが、スポーツ新聞が取材に来ていたんですよ。あれよあれよという間に、この集まりが藤村さんを排斥する集会ということになってしまい……ぼくが中心のようにね。当時は今のようにスポーツ新聞との関係は密接じゃありませんでしたからね、どんどんどんどんあらぬ方向へ進んでいってしまって……」

彼らは松木の就任を祝う酒を飲んでいたはずが、いつの間にか球団批判、監督批判の方向へと議論がエスカレートしていく。そして、「藤村監督退陣要求書」という血判状に各人が名を刻み、同時にデイリースポーツと報知新聞の記者を入れながら、野田誠三オーナーに対して藤村監督解任を求める訴えを起こした。

これに驚いた野田オーナーは、球団最大の人気者である藤村をこんな形で退団させてはならないと、排斥派の訴えを即時却下する。

続いて〝仲直り作戦〟の失敗で病床にあった田中義一に代わって、阪神電鉄東京出張所長の戸沢一隆を速やかに球団代表に据えた。

当時49歳の戸沢は早速、選手ひとりひとりと面談し話を聞いた。まずは青木一三に事態収束への協力を求めたが、これをスッパリ拒否されてしまったため〝事件の黒幕〟として速やかに解雇。続く12月4日には藤村富美男の監督留任を明らかにし、この事件の実質的なリーダーである金田正泰と真田重蔵を呼び出して解雇を決定する。

「私が辞めたらチームが明朗になると代表に言われ自由契約選手にされた。私の行動は、タイガースを強くするため、これ以外の道はないと考えた末にやったこと」

金田は涙ながらに訴えた。球団は排斥派の頭を斬ることで事態は終息へ向かうと見越していたが、信念に殉じた格好でリーダーが解雇されたことにより、排斥派の選手たちの態度は一層硬化してしまった。

「会社のやり方は許せない。球団は私のクビを斬っても、正しい私たちの信念までは永久に斬れない」

そんな苛烈な言葉で憤ったのは、藤村に代わる4番打者となった田宮謙次郎。奇しくもその年の2月にはソ連でフルシチョフのスターリン批判が行われ「個人崇拝とその結果について」が秘密報告されているが、田宮は当時のスポーツ新聞にこんなスター藤村批判の手記を寄せていたことを、南萬満の『真虎伝』が紹介している。

〈監督としての藤村さんにチームを強くする力量はない。それは人間味がないからである。

選手の手柄を自分の作戦の成功に転化したのは一度や二度ではない。監督としてそのような行動が許されていいだろうか。……スターが生まれることを好まない監督。頭を持ち上げようとするとすぐに叩こうとする監督……。私はこのことについて再三金田主将を通じて意見を具申した。だが、いつになっても監督の態度に変化が見られなかった。このままではいけない。今の様では絶対にいいプレーはできず、やがてタイガースの伝統に大きな傷が付く。私たちは明るく楽しく活躍できると同時に老後の生活も保障してもらえる環境を創り出さねばならない。そこで私たちは立ち上がったのである〉

まるで革命闘士の声明文のような苛烈な訴えである。吊るし上げにされてしまった藤村富美男は、発覚当日に「吹けば飛ぶよなケチな連中が何をごちゃごちゃぬかしとんじゃ。文句があったらブンヤに告げ口なんぞせず、束になってかかってこい!」と啖呵を切ったという噂も出たが、表向きは騒動発覚からここまでずっと沈黙を貫いていた。しかし、それもさすがに堪えきれなくなったのか、ここに来てついにコメントが出た。

「騒ぐ選手は二軍に落とす。来年はファームの選手を鍛えてペナントを戦う」

この発言はハイカロリーな燃料として排斥派の怒りの炎の中にくべられ「藤村が監督のうちはタイガースへ帰らない」「他チームやノンプロへ移ってもいい」と大炎上。断固として〝藤村不信任〟を曲げる気配はなく、ドロ沼の状態に陥ってしまう。

「あの年ぼくは22歳。なんも知らない鼻たれ小僧のガキや。……とはいえ、ホンマにな。今はすまんことをしてしもうたなぁと思っている」

小山正明もまた、吉田と同じように後悔があるという。

「あの年、大崎が25勝、渡辺省さんが22勝、それでぼくが17勝ですよ。ただ、ぼくの場合は接戦をものにするために、先発して完投するだけじゃなく、後ろに回ってリリーフもやっとるんや。それなのに給料が上がらない。戸沢さんは『大崎や渡辺より勝ち星が少ないからこれ以上は無理だ』と言う。こいつはね。タヌキの戸沢ですよ。青木も戸沢も腹に何か抱えとるのばかりやわ。タイガースは球界でもけちんぼで有名や。そういうところの不満を持っている若手何人かが、扇動されてこの騒動に引っ張り出されたけど、藤村さんへの不信というもんでは断じてない。排斥というのは結局、カネさんが個人的に持ってきたものですよ」

この騒動の黒幕と呼ばれたスカウトの青木一三も、のちに自著で「藤村排斥は労働争議である」と回想している。看板こそ藤村への反発でまとめられているが、その奥には給料問題や重役の田中・下林の確執など会社への不信も含め、「ただ明朗に野球をやりたい」という選手の不満が、メディアと世間を巻き込んでおかしな方向へと扇動されていた。

金田と真田が解雇される直前の12月2日。『ベースボールマガジン』誌の企画で田宮、真田、白坂、石垣、小山の排斥派5名が行動について激白をする座談会を行っている。

この席で田宮は、「松木さんの後に藤村監督ではなく岸さんにしたのは監督としての藤村さんに不信があったからだ。岸さんを数カ月で辞めさせるなら最初から連れてこなければいい。監督を援助してやるのが会社なりオーナーなり重役の仕事でしょう。それが頼りにならない。自分の保身ばかり考えて選手のことを顧みない。今度のことも僕らの撒いた種ではないんですわ。問題があれば刈ってスッキリさせるのが会社の役目。それをやらないから選手が不信になるんです」と強く主張し、「今回はうやむやに終わらせたら決して黙っていない」と断言している。

まだ若手の石垣までもが、「この際、タイガースの重役関係の人は一新してもらいたいですね。そうしなければタイガースの腐敗しきった空気は収まらんと思う。建て直す絶好のチャンスですよ」と言うほど選手たちの訴えは切実だった。

この、振り上げてしまった拳をどう下ろすのか。

事態が動いたのは、突然だった。

チーム始まって以来の分断の危機に、各界のタイガースファンが「仲直り役」に名乗り出た。企業のお偉いさんから、タイガースの後援会長、家庭裁判所の判事に一介の虎ファンなど、あらゆる仲介役が排斥派と藤村の間を取り持とうとした。

そしてついにはセ・リーグ会長の鈴木龍二の依頼で、東京からライバル球団巨人軍の川上哲治と千葉茂が説得に来たのだ。

まさに敵に塩を送る。人生はベースボール。きたか千葉さん、待ってたドン。この〝猛牛〟と〝神様〟両巨頭の登場はさすがに効いた。

事態は一気に解決に向けて走り出す。川上は藤村に「金田をチームに戻してやってほしい」と懇願すると藤村はそれを受け入れ、球団も「藤村がそう言うのであれば」と金田のみ復帰を承諾する。

12月20日。金田は藤村に謝罪して急激すぎる和解を果たした。

リーダーの金田が降参したことで強硬な態度を示していた排斥派の態度も軟化。「監督が従来通りの態度ならシーズン中でも解雇することを選手と約束する」「選手の言い分を聞き、納得できる条件を提示する」ことを条件に「藤村監督退陣要求書」を取り下げた。

年末も押し迫った12月30日。戸沢代表、藤村監督、金田外野手の3人がそれぞれ声明を発表し、仲直りの笑顔でスリーショットの写真に収まった。

「これからも藤村監督のもと、一致団結していきます」

タヌキが真ん中で2匹の虎の肩を抱くなんともいえない笑顔の写真は、よくわからないまま始まり、うやむやのままに終わらせたこの50日間にわたる事件の本質をよく表していた。

ウソとまこと

藤村排斥事件によって、スポーツ新聞のタイガース報道は事件以前と以後に分かれるといわれるぐらい、世間の関心と売り上げで急成長を遂げる契機となった。

それはすなわち〝タイガースのお家騒動は売れる〟という世紀の大発見でもあった。これ以来、毎年のようにシーズンが終われば季節の便りのように醜聞が届き、タイガースは球界のスキャンダルメーカーとしての地位を確実なものにしていった。

藤村排斥事件が解決した後、表向きのチームは静けさを取り戻したかのように見えた。しかし、何もかもが元通りというわけではなく、火種は見えないところでくすぶり続け、力関係のバランスが微妙に変わっていく。

まず藤村富美男兼任監督は現役選手を引退して監督に一本化することになった。金田は主将としてチームに復帰したが、その一方で、真田重蔵はそのまま現役を引退。藤村の弟の隆男は広島に放出され、後から排斥派に合流した駒田桂二と日下章も解雇。この後に藤村と和解する田宮謙次郎も別の理由ではあるが、結果的にこの2年後に大毎へ移籍することになる。

また、シーズン中には藤村批判を繰り返すも騒動では中立の立場を貫き「カメレオン」とチームメイトから反発を買った渡辺博之は、翌年近鉄へと放出されている。

フロントでは事件解決へ奮闘した戸沢一隆が、引き続き大きな役割を果たしていく。選手たちにとっては、給与を含めた待遇面で大きな改善がなされたことが最も大きな成果だった。今回の反省を踏まえて戸沢は遠征に必ず同行するなど選手とコミュニケーションを密にし、約20年の間タイガースの代表としての地位を確立する。だがそれでもタイガースのフロント。〝戸沢タヌキ〟と呼ばれるぐらいには、腹になかなかのイチモツを抱えた人物であった。

藤村が監督専任で迎えた1957年のシーズン。最終成績は最後まで巨人と首位争いを演じ、昨年よりもさらに惜しい、1ゲーム差の2位という結果に終わった。

優勝まであと一歩。来季こそはと秋のオープン戦に臨んでいた藤村は、11月24日、広島でサヨナラ勝ちした試合後に宿舎で戸沢に呼び出される。用件は「新監督にカイザー田中を迎える」というまさかの通告だった。

戸沢は藤村と選手たちに残された禍根が再燃することを見越していた。排斥事件が解決し、「これからは藤村監督と一致団結して頑張っていきます」と宣言したその直後から藤村の後任人事の交渉に動いていたのだ。さらに藤村富美男というタイガース稀代のスーパースターを〝最悪の退場〟に見せないために「打線を強化する」という理由にかこつけて、藤村に対し現役復帰を要請した。

藤村は監督退任こそ承諾したが「契約は11月末まであるので発表は終わるまで待ってほしい」「現役復帰は来季の身体の調子をみてから」という要望を出している。

ところが、だ。

25日。藤村の願いは完全に無視され、スポーツ紙には「阪神、藤村監督の更迭を考慮」という見出しが躍った。

26日。カイザー田中の監督就任会見が、藤村同伴で行われた。

「優勝できなかったのは悔しいが肩の荷が下りたというのが偽らざる気持ちだ。私の今後については会社と詳しい話はしていない。現役復帰という話だが、ユニフォームは着るが、できれば田中さんを補佐してのんびりやっていきたい」

藤村の話にかぶせるように戸沢代表が続ける。

「藤村君には助監督やコーチといった肩書はありません。監督を補佐してほしいとも伝えていない。あくまで現役でやってもらいます」

前出の『真虎伝』によれば、〈この最大限の屈辱を受けた藤村富美男は、怒りでワナワナと震えていた〉という記述が残されている。

これが『新・必殺仕置人』の虎であれば戸沢を物干し竿の餌食にしていたところだろう。

しかし、藤村という虎はそれでも会社の言いつけに従うのである。現役を引退して1年。41歳。厳しい選択だ。

「この年で試合に出ても笑われるだけだ。チームの役にも立てないだろう。それでも会社の命令とあれば復帰できるようにオフの間から身体を作り直していかねばなるまい」

屈辱的とすら捉えられる無茶な要望である。藤村ほどの功労者ならそんな要望は即答で拒絶して、退団してもおかしくない。

藤村は、慰み者にされることを覚悟で、再びグラウンドに向かう準備を始めた。新聞社のカメラマンを呼んで、自宅の庭木に吊るしたムシロをバットで叩き、50キロ以上ある石臼を担いで庭を走り回る姿を撮らせる。それはショーマンゆえのパフォーマンスなのか、それとも球団や戸沢への当てつけでやっていたのか。

真意はわからないまま、翌1958年、背番号10は再びペナントレースの舞台に立った。だが、もはや気力という牙を失った虎に、全盛期の面影はなかった。

出場24試合で26打数3安打。打率1割1分5厘のホームラン0本。それは藤村富美男の数字としては寂しすぎる結果だった。

1958年は、プロ野球界を牽引してきた東西の横綱、川上哲治と藤村富美男が現役引退した時代の節目となる年である。

同じ年代に同じように活躍し、両チームで代わりの利かない存在として大きな人気を得た2人のスーパースター。しかし、その後の2人の運命は大きく離れていき、それはまた、巨人と阪神の根本的な体質の違いを明確にしていく。

巨人の川上哲治はこの年の引退後ヘッドコーチとなって2年間、水原円裕監督に仕えた。1960年大洋の三原脩に敗れ、カメラマンへの暴行事件で休養した水原に代わり、巨人軍の第9代監督に就任。永久不滅のV9という偉業を成し遂げ名将の名をほしいままにした。

一方の藤村富美男は、この年を最後にタイガースへと帰ることは二度となかった。

「まぁ……こういうところが巨人と阪神を大きく分けるものなのでしょうね」

広岡達朗が努めて冷静に言い放った。

「何が違うってやはり巨人は監督が絶対ですよ。その代わり、勝たなければ監督は責任を取って辞める。そういう覚悟のもとに指揮を執ってきたわけです。選手もそれを理解して野球をやった。だから勝利に向けて一丸になれる。V9とはそういうもとに達成されているんです」

選手時代の晩年から犬猿の仲といわれた川上哲治と衝突し巨人を飛び出した広岡であるが

「川上哲治のことは認めているんだ。人間性はともかくね」と話を続ける。

「チームの勝利のためなら私情なんて捨てるんだ。あれは現役晩年の西鉄との日本シリーズだった。川上哲治は『おれがいるために巨人が西鉄に負けるのであればおれは出ない』と皆の前で言った。４番の責任です。調子が悪ければ7番で出てればいいなんて考えじゃない。ファーストの守備でも『おれはここのあたりのボールは捕れん。もっと上の方へ投げてくれ』と頭を下げて頼んでくる。プライドよりも勝利への覚悟があるから言えるんです。それは当時の巨人の選手、フロント、誰にもあった。ひとりひとりが勝利のために、自分の与えられた役割を果たそうとするのです」

巨人を飛び出た広岡も、初優勝を果たしたヤクルト監督を辞した後、タイガースから監督のオファーを受けた過去があるという。

「私もタイガースを見ていて、どうしてこのチームは戦力があるのに勝てないのか考えました。監督はコロコロ変わるし、肝心な勝負どころで勝てない。それはやっぱり選手もフロントも本当に優勝するという目的のために、自分がやるべきことをやっていない。ここを一枚にしなければ強い組織にはならないんですよ」

広岡は当時の小津正次郎球団社長からの熱心な誘いで一時はタイガースを最後の監督のチームにすると覚悟を決めかけた。だがその交渉の段階で広岡が「フロントと現場が真の一枚岩になるため、本当に強い組織を作るために5年は時間が必要」と出した要求をタイガース側に受け入れる覚悟がなく、まぼろしに終わったという。

「監督を作り、育てることがフロントの役割です。監督をやらせたい人があるなら、フロントが率先して『おまえはこれをしなさい』『あれを学んできなさい』と勉強をやらせる時間を作る。それがあるとないとでは同じ人間でもここまで変わるかというぐらい違いますからね。そして、任せると決めたら目先のことに惑わされない。『この人で勝てるのだろうか』。そんなことを言うのはダメだ。信じたら死ぬまで信じないと人は育たない。巨人もそれができたのは藤田元司の頃までだろうけどね」

1959年の3月2日。生涯のライバル巨人とのオープン戦で藤村富美男引退試合が行われた。雨天順延で月曜日となってしまったことで客の入りはまばら。スタンドを眺めて「どうもワシはついていない……」と藤村富美男は嘆いたといわれている。その最後の打席は前年に同じく引退を発表した川上哲治への一塁ファウルフライで終わった。

背番号「10」は永久欠番に。ミスタータイガースよ永遠に。

その寂しすぎる去り際は、背番号「11」の永久欠番、この試合がプロ初登板となった村山実の引退時にも同じような過ちを犯すなど、この後のタイガースで再三再四繰り返されてしまう、スターとの哀しい別れを十分に予感させるものであった。

第5章

消えた老人を追って

選手王様気質

「岸一郎が監督になったことで、タイガースの歴史が変わったというたら大げさかもしれんけどな。監督が2カ月やそこらで選手らに排除されたというのは、やっぱり異常よ。スポニチの先輩記者、荒井忠さんが案じていたタイガースの悪しき伝統〝選手王様気質〟の始まりとも言えるやろうな」

甲子園球場の裏手にある喫茶「ヘンゼルカフェ」で、内田雅也が、再び苦いブラックコーヒーを啜る。

「選手が王様。つまりここで〝選手が監督に勝ってしまった〟実績を作ってしまう。企業にコンシューマー・イズ・キングがあるなら、タイガースはプレイヤー・イズ・キングやな。岸が辞めてから先を見てみい。藤村の排斥事件やら、選手が何か言えば、次々と監督問題が起きるようになっとるやろ。この1955年に〝選手が王様〟というタイガースの体質を鉄道本社が作ってしもうたんや」

いうなれば岸一郎のタイガース55年体制か。岸信介に鳩山一郎という自民党の55年体制はとっくに終わっているのに、タイガースではいまだにその体質が生き延びているというわけだ。

タイガースの監督史でも潮目が変わる大きなポイントとなったこの奇妙な人事。野田誠三という阪神電鉄きっての切れ者オーナーは「投手力が弱いタイガース」を改善し、「藤村富美男への不満がある渦中で鎮静剤としてのつなぎ」であり、「若手へ切り替えを断行」できる岸一郎という、都合のよすぎる人物を監督に据えた。

猛虎たちが住まう穴の中にやさしいおじいさんを放り込んだら生きて出られないことぐらい野田であれば簡単に予想がつきそうなもの。ならば、生餌《いきえ》にされることも承知で、あえて食わせたのか。そう考えるのは穿《うが》ちすぎだろうか。

「それは考えすぎやとは思うけどな。まぁ、でも素直に松木から藤村にスイッチしていれば、そのまま松木も今でいうGM的な立場でタイガースに残っていたやろうし、この岸一郎を監督にした以降、明らかに流れは変わっているわな」

岸一郎が放り出され、藤村富美男が監督を降ろされた際に監督として起用されたカイザー田中は、岸と同じように野田が独自に連れてきた監督である。そして、その田中で負けが込むようになると、二軍監督だった金田正泰を一軍打撃コーチに昇格させたのも野田誠三だ。

タイガースファンにとっては悪夢のようなあの長嶋茂雄が村山実を打ち砕いた天覧試合の4カ月後、田中は「心身ともに疲れた」と言い残して球団を去った。球団にはもはや藤村も御園生もなく、監督にはよもやの排斥事件首謀者・金田正泰を起用……と、本社による本格的な現場介入によって行き当たりばったりな人事の坂道を転がり落ちていく。

「野田誠三は外の人間でもタイガースに対して厳しい評論をしてくれる人を求めていたんやろな。実際にこの後、藤本定義監督の時やな。ヘッド格のバッティングコーチに青田昇を招聘するんやけど、あれも野田誠三が青田の出ていたラジオの解説を聴き、新聞評論を読み、鋭い評論が気に入ったから入閣させたと、青田昇が自著で書いている」

野田誠三はその後、甲子園の貴賓席からほぼ毎試合観戦するほどの熱心なオーナーとなり、次第にチームにも干渉するようになっていく。そのなかで有能と見込んだものは、外部であろうとタイガースに登用する傾向があったようだ。

あらゆる常識が急速に変わっていったこの時代。考えれば考えるほど、岸一郎がタイガースの歴史におけるポイントとしてエライ存在感を示してくる。

「しかし、結局、この岸一郎ってのは何者やったんやろうな。その後の人生もわかっとらんし」

内田が言うように、タイガースを辞した後の岸一郎がどうなったのかを記す資料は、ほぼ残っていないと言っていい。

「まぁ、こんだけ手紙をいろんな人に書いていればどっかにひとつぐらいは残っているかもしれんな。それがなくとも、日記ぐらいは残っているかもしれんし、探してみる価値はありそうやな」

三番町で同居していた娘が生きていれば、野田誠三に送ったタイガースの改革案を示した草案を持っているかもしれない。

岸一郎がタイガースの監督に起用された本当の理由。そして監督の座を追われたのち、彼はどんな人生を送ったのだろうか。

岸一郎のゆくえ

まずはタイガースの監督を休養した後の岸一郎の足取りを辿る。

１９５５年5月21日。中日球場での試合前に休養が発表された岸一郎は「悪化した痔瘻の手術を受ける」という理由で東京へと行っている。

球団マネージャーである奥井成一がのちに『週刊ベースボール』へ寄稿した「わが40年の告白」（１９９２年1月20日号）によると、休養後の岸は「甥が住職を務める東京世田谷は下馬にある清澄寺に身を寄せた」とある。下馬には同名の寺はなく、代わりに「西澄寺《さいちょうじ》」という寺があった。住職に連絡を取ってみると、古い記憶を頼りにこんな答えがあった。

「父である先代の親戚にプロ野球の監督がいたという話は聞いていますす。ですが、寺に長い時間逗留していたという話は聞いていないですね。おそらく、少し寄られた程度で、すぐにどこかへ行かれてしまったのだと思います」

岸はこの寺にほとんど滞在していなかった。奥井成一も「手術や入院をしたならば球団から見舞いに行くよう指示があるはずだが、それがなかったことを鑑みると、手術はしていないだろう」と書いている。

「痔瘻の悪化」という間の抜けた休養の理由は、最初は球団が岸を辱めるためにでっち上げた嫌がらせなのではないかとも疑った。実際、スポニチ荒井記者には病気を強く否定している。だが、監督として誰からも相手にされていなかった状況で、何かしらの打開策を見つけるために自ら休養を申し出た可能性もある。

病名を痔にしたことも、比較的短い期間で復帰しても不自然ではないからかもしれない。

現に岸には手術ではなく、東京へ行った明確な理由が別にあった。

過去の新聞を探っていると、休養が発表された翌日の5月22日。西澄寺から2キロメートルほど離れた場所にある東映フライヤーズの本拠地、駒沢球場で岸一郎の姿が目撃されたという小さな記事を見つけた。

その日の駒沢球場では東映−大映の試合が行われていた。岸は大映スターズの打撃コーチである松木謙治郎に会いに来ていたようだ。岸は旧知の大映球団営業主任の小林次男に連絡をして、松木に面談を申し込んでいる。

「また時間ができたらおいおい」

岸は簡単にあしらわれた。そりゃ松木が岸一郎に会うメリットなんて何ひとつとしてない。会えばおそらく監督復帰への口添えを頼まれるのは明白だ。哀れとは思えど、もはやタイガースを混乱に陥れた時代遅れの老人に、松木が一肌脱ぐような義理はなかった。

岸は反発する藤村富美男をはじめとしたタイガースの選手たちから信任を得るために、松木の後ろ盾を欲したのだろう。

岸一郎が就任当時は、その「師弟」発言もあって、烈火のごとく怒っていた松木だが、一方で困っている人を黙って見過ごせない親分気質の人情家でもある。その可能性に懸けて、東京へ直談判に来たのだろうが、けんもほろろに追い返されてしまった。

もはや打つ手がなくなった岸一郎は、それから数日後、様子をうかがいに来たスポーツ紙のインタビューにこんなことを話している。

「もう今は病気の方もだいぶ回復している。まぁ、監督になって最初のうちこそ選手たちの反抗的な言動がないでもなかったが、今はほとんどない。ナインと別れる時『私のいない間頑張ってほしい』と話したところ、大部分の選手が寂しがってくれた。それほど選手が私を慕っていてくれる。とにかく一日も早く帰ってきてほしいと言ってきているんだ。会社の方からもぽつぽつ帰ってきてもらいたいと言っているので、早ければ2週間以内。遅くとも1カ月以内にはチームに戻るつもりだ」

そんな事実はまるでなかった。選手たちのなかに岸一郎の復帰を希望しているものは誰もいなかったし、田中専務が復帰を要請したこともない。完全に虚勢を張っていた。

岸はその後、すぐに大阪に戻っている。そして時々思い出したように二軍のグラウンドに姿を見せては、若い投手に声をかけていたという。

秋になる頃には監督復帰への思いは完全に消えていた。正式に藤村富美男が監督に就任すると、11月1日朝日新聞のインタビューには「今後は阪神強化の捨て石となる。できることなら今のままの位置で、これから芽生える若い投手の育成に努めたい」とし、1956年は技術顧問の肩書でタイガースに残った。

しかしそれは2年契約の建前上のことで、主な仕事は二軍のグラウンドにぽつぽつと顔を出したり、スカウトの手伝いで水戸の方までアマチュアのピッチャーを観に行ったりする程度。その年の夏の甲子園大会も、岸は誰に気づかれることなく、内野スタンドからひとり観戦していたという。

同時期の『ベースボールマガジン』に岸は手記を寄せている。タイトルは「プロ野球への反省――私はこう考える――」。

〈大阪タイガースの監督を退いて以来、痛くもない腹を探られ、いろいろな批判も受けたが、現在の私は与えられた範囲内で最善の努力をしようと固く誓うのみである。（中略）

幸い持病の方も漸次回復し、気分も爽快になったのでこれからひとつ大いに頑張りたい。なんといっても藤村君の苦労は並大抵のことではないはずだ。そしてその苦労を想うと、とてもじっとしてはいられない。休んでいる期間はタイガースの試合は申すに及ばず、パ・リーグの対戦もつぶさに観戦した。これは私にとって大変なプラスになった。ベンチではわからないことがいろいろとわかってきた。そして、プロ野球に対する私の考え方が甘かったんだなァ……と三思後行させられた。そして考えたことは大タイガースの再建のために、老骨をひっさげて一微の力をつくすにあると痛感した。目下のところ、具体的な意見は持っていないがタイガースを強くするためにどんな工夫、研究をすればよいか日夜及ばずながら腐心している。（中略）

最後にひとつ。言っておきたいことがある。私は監督在任中、私を支持してくれた選手がどうのこうのと……某スポーツ新聞で批判をしていたが、まったく無職で監督になり、しかも六十の齢に手の届く年になって自分の支配下選手を色分けするほど感情的な男ではない。〝TIGERS〟のユニフォームを着ている人間ならば、私は誰でも愛することができる〉

秋になり、冬になる。せつなくなるような岸の思いも空しく、翌年タイガースでは藤村排斥事件が起こり、藤村は選手を一時引退。真田重蔵ら多くの人間がタイガースを去った。その大騒動のどさくさで、岸一郎の名前が「排斥派の若手を扇動した」というゴシップ記事には載っても、タイガースの名簿から消えていることに気がつく人は誰もいなかった。

岸一郎は郷里の福井県敦賀市へと帰っていったのか。

一緒に住んでいた高校生の娘は、生きていれば80代の中盤になっていることだろう。しかし、中学時代から東京の早稲田中学に通っていたという一郎に、帰るべき生家は残っていたのかどうか。

下馬の西澄寺住職に、父方の親戚、すなわち岸一郎につながる親戚の手掛かりはないかを聞いてみると、出身地である敦賀に遠縁の血縁がいるという情報を得た。

その女性は、年齢のほどは80代中盤だという。もしかしたら甲子園の社宅で一緒に住んでいた娘さんではないだろうか。連絡先を調べ、はやる気持ちを抑えて電話をかけてみる。

「……違います。岸一郎の妻に当たる方が私の叔母なんです。だから詳しいことは……わかりません。お役に立てずに申し訳ありません。ただ敦賀には今も娘さんがいらっしゃると思います」

消え入りそうな小さな声で口早にそう言うと、あっという間に電話を切られてしまう。拒絶するような物言いにモヤモヤが残った。

敦賀

敦賀の町は今日も灰色に沈んでいた。

港の北東部には、火力発電所とセメント工場という巨大すぎて命の気配が希薄な一帯があり、その先を抜けると福井市へ向かう海沿いの国道8号線だ。海と山に挟まれたこの道沿いには高い建物がほとんどないのだが、唯一、赤崎という地に地元では有名だという10階建てビルの廃墟が禍々《まがまが》しい存在感を漂わせながら孤立していた。

港のすぐ横にある小高い山が金ヶ崎城跡だ。戦国時代、朝倉義景を攻めにこの地まで来た織田信長が浅井長政の裏切りを知り総崩れとなった「金ヶ崎の退《の》き口」と呼ばれる史上名高い撤退戦。殿《しんがり》を務めた木下藤吉郎は、この戦いで見事信長を守り切ると、のちに羽柴秀吉となって天下を治める関白となるのだ。

撤退戦。岸一郎が敦賀へと引き揚げてきたそれは、野球人としての尊厳も過去の栄光もボロボロにされただけの空しいものだった。

この敦賀に岸一郎の手掛かりを探して来たものの、その名前に反応してくれる人は誰もいない。気がつけば数時間もさまよい歩き、生家のあった住所のすぐ近く。日本三大松原にも数えられる気比の松原まで来ていた。昼間なのに太陽の光が入らず、薄暗い松林の道を歩いていくと、急にあたりが開け野球場があるのが目に入った。

「敦賀市営野球場」。そこはかつて敦賀野球の聖地と呼ばれていた特別な場所だという。なぜなら、ここは甲子園春夏合わせて21回出場の福井県の古豪〝トンコウ〟こと敦賀高校のグラウンド跡地なのだ。

『此の地に栄光の敦高ありき』

球場のレフト側の場外にはそんな文字とともに、旧敦高の校門跡が記念碑的に残されていた。

トンコウが現在の形に統合される前の名前は敦賀商業。松木謙治郎の出身校である。つまり、この場所は、かつて松木謙治郎が岸一郎のノックを受けて「こんなノック捕れるか！ヘタクソ！」とグローブを放り出して家に帰ってしまったというあのグラウンドだ。１００年が過ぎた今、グラウンドの土を眺めながら思いを馳せる。10代の若造にヘタクソと怒られて、岸一郎、イヤだったろうなぁ。

誰もいないグラウンドには、ひとり水をまく年配の球場職員の方がいる。話しかけてみると、ご老人はこの敦賀に来て初めて〝岸一郎〟という名前に反応を示してくれた。

「お会いしたことはないですが、名前は存じております。松島のあたりの出身だったんじゃないでしょうか。このへんは岸さんという家が多いんですけど、うちの野球部で預かっていた子も、岸一郎さんの親戚だったような気がします」

うちの野球部。ベテラン球場職員は鶴野《つるの》郁夫《いくお》と名乗った。80歳。野球未経験者でありながら1976年から敦賀高校野球部の監督を務め、没落していた名門野球部を見事蘇らせて甲子園にも2回出場。その後、福井県高野連の副理事長を務めていたという人物だった。

「岸さんは中学から東京へ行ってしまったとかで、敦賀の野球界では名前を聞かなかったですね。やっぱりタイガースといえば松木謙治郎さんですよ。この球場が照明設備をつける時も松木さんに尽力していただいていますし、敦賀における野球の象徴的な方でしたからね。大阪から来ていただくたび飲ませていただいて、タイガースの話や高校時代の話なんかをしてくれました。大阪の高校との練習試合も組ませてもらったりね。本当に面倒見のいい方でした。ただ、松木さんの口から岸一郎さんのことは聞いたことがないですね」

やはり敦賀における松木謙治郎の功績であり、人気は絶大である。岸一郎についての情報はこれっぽっちも得られなかったのだが、ここで耳にした鶴野という野球人が辿ってきた球歴もまた面白い。

「岸さんもプロ野球未経験でタイガースの監督になったようですが、ぼくも似たようなもんで、野球経験がまったくないところから敦高の監督に就任したんです。高校野球をイチから勉強して、生徒たちを鍛え4年後には甲子園へ出場することができました。何が大変だったって、やっぱり野球は人間関係が特殊ですよ。

敦高は1961年のセンバツを最後に甲子園は遠い存在になっていましたが、古豪と呼ばれるかつての名門なだけに、熱心なOBやファンをはじめ、えらいぎょうさん外野の声があったんです。監督になって最初の頃は、試合があるたびに『あそこはスクイズしろ』だの『あいつを使え』だの家に抗議の電話がじゃんじゃんかかってくるんです。愛情がありゃ何してもいいわけやない。2年目と3年目に県大会の決勝まで行くんですが、福井商業にぼろ負け。このままじゃあかんと覚悟決めて『あんたら一切口出すな』って野球部から強引にOBを締め出したんです。そしたら翌年、福井商業に勝って甲子園に出た。お祭り騒ぎのどさくさに紛れてまたワイワイきましたけどね。勝てば官軍、関係もよくなってくる。現金なもんですけどね」

「古豪」「素人」「人間関係」。まるでアマチュア版・岸一郎とでもいうべき経歴である。ただ違うことは、監督として成功を収め信任を得たこと。あれから40年。覇野は2018年の甲子園100回記念大会で、各都道府県からひとりが選ばれる「功労者表彰」を受けた。今もなお、福井県における重要な野球人として後進から尊敬を集めている。

「私が岸さんと違ったのは、味方になってくれる人がチームにいたこと。戸田豊紀さんというPL学園出身で元関西外国語大学の監督だった方。息子さんが阪急にいた戸田善紀投手ですね。彼が縁あって手助けしてくれて『監督はこうするもんやで』とか、ピッチャーをどうすれば育てられるかなんて経験に基づいた話とか、いろいろ教えてくれよったんです。だけど、甲子園に出た途端、OBから『あとはOBでやりますから戸田さんはもう口出さんでください』と言われて……なんでそんなことするんやと抗議したんですけど、戸田さんも『ほな、OBがそれだけ熱心に応援してくれるんならもう来ん』と言い残して学校を去って行った。昔の野球界は、今では想像もできんぐらい縄張り意識がひどかった。これも時代なんやろうけどね」

今は第一線を退き、かつて汗を流した市営球場の管理を週3回程度やっている。楽しみはオフの時季に教え子である敦賀で育った子供たちが訪ねてきてくれること。この冬も世界や日本各地に散らばった教え子たちからの土産話を聞けるのを楽しみにしているとか。

虎は死して皮を残し、優れた人は人を残す。

墓碑

気比の松原は景勝地であると同時に、夏になれば海水浴に訪れる多くのお客さんで賑わう。周辺に旅館や民宿がいくつか見えるのはそのためだ。しかし、冬の閑寂とした松原はあまりにも人けがない。ピンと緊張感が漂う静謐な空気と、日本海から吹き付けられる雪まじりの寒風に、数分で心が折れてしまいそうになる。

岸一郎の生家は市営球場の裏手にあると聞いた。事前に手に入れた周辺の古い住宅地図を見てみると、岸という文字ばかりが目立つ。このどれかに一郎に近い血縁者がいるのだろうか。細い路地に密集した集落を、手当たり次第に探っていく。

「このあたりには岸さんがぎょうさんおるけど……一郎さんとは、どの岸さんかしらね」

50年以上も昔の人だからか。それとも敦賀に馴染みがないのか、近所の人でも名前に反応することはなかった。夕刻になると雪が本格的に降ってくる。松林が点在する集落を彷徨《さまよ》い歩いていると、集落の墓地や、松林のなかに忽然と敦賀空襲の慰霊碑などがあらわれ、背筋にひやりとしたものが走る。鬱蒼とした公園ほどの大きな緑地があったので休憩がてら足を止めると、石段の上には夥《おびただ》しい数の墓石が見えた。

『武田耕雲斎等墓』

水戸天狗党の首領だ。幕末に尊王攘夷を唱えて筑波山で挙兵した武田耕雲斎率いる水戸天狗党は、徳川慶喜に縋ろうと京都へ上る途中に、幕府の追討軍によってここ敦賀で包囲され捕縛された。１８６５年２月。幕府はこの場所で、武田耕雲斎ら３５３名を処刑したという。水戸烈士殉難の地。向かいには捕縛された天狗党が拘束されていた鰊《にしん》小屋と、刑死した志士を祀った神社もある。随分と血なまぐさい歴史があちこちから出てくる。

しかしこの事件が起きたのも岸一郎が生まれるたった30年前の出来事である。岸の野球が古いのどうの言われるのも当たり前といえば当たり前である。バットではなく本気で刀を振り回していたのだから。

松島町に古くから住んでいるご婦人が、この地区のことを教えてくれた。

「岸さんはこのあたりの地主やからね。大谷吉継《よしつぐ》が敦賀を治める前からこのあたりは三人衆と呼ばれる庄屋がいて、岸さんの家はそのうちのひとり。三人衆という人たちは、土地を貧しい人たちに与えて、そこからこの周辺にはたくさん人が住むようになった。一郎さんというのは、たぶんそこの離れに住んどるおじいさんが親戚やと思うわ。ただ一郎さんて、あんまり敦賀には住んでなかった人と違うかしら」

ご婦人も世代的に岸一郎の本物を見たことはないというが、その存在は薄々と知ってはいるようだ。タイガースの監督をやっていたということもご存じなのだろうか。

「え！　一郎さん。そうなんや。ウソやと思っとった」

ひっくり返らんばかりの勢いでご婦人が驚いた。……ウソってどういうことなのだろうか。タイガースの監督なんて、誰にでもバレるウソをつく老人はいないだろう……まさか一郎は晩年ボケてしまったがために、ウソと疑われてしまったのではないか。

「いや、ボケてないと思いますわ。私はお会いしたことはないんやけどね。そうなんやぁ。本当にタイガースの監督をねぇ。まぁ、大阪とか東京の方とかずっと行かれていたみたいで、あんまり敦賀にはいなかったという話は聞いとりましたけど。私、一郎さんの妹さんにはよくしてもらってたんです。あの人はずっと松島に住んでましたから」

岸一郎の妹はイシといった。１９０１年生まれだから一郎の7歳下。生まれつき耳が悪かったが、１００歳を超えるまで元気で生きていた。そのイシの息子が、現在、離れに暮らしているという卓志さん。90歳。一郎からみれば甥っ子に当たる。

小さな脇道をくぐり抜けるように集落を進むと、突如ひらけた一角に広大な雑木林と、大きな樫の木がまるで屋根を作るように天へと広がる空き地が見えた。その向かいにある離れの一軒家が卓志さんの住む家だ。今は体調がよくなく、ほとんどの日は一日中寝ているというが、息子さんに付き添われて玄関先まで出てきてくれた。

「ああ、そうです。一郎は私の伯父ですわ。もう潰してしまいよったが、そこの大きな樫の木のところに一郎の家があった。花が好きだったんやろねぇ。ダリアやバラなんかを庭で育てていて、あとはミカンやイチゴ、梨にブドウにザクロ……と、まあいろんな果物園もあったわ。一郎には3人子供がおってな。一郎は長く外地におったやろ。満洲から敦賀に帰ってきてから、田んぼやるいうから、中学生のわしが教えようとしたんやけど、あんまやらんかったな。時折ぶらーっとどこぞの学校に野球のコーチや監督をしに行ってな。そうこうしているうちに、タイガースの監督になるいうて大阪へ行ってしもうた。あれだって、仲良しの松木さんが引っ張ってくれたおかげやで。藤村富美男さんにこてんぱんにされてすぐに辞めさせられたあと、しばらくして敦賀に帰ってきたけどな」

史実とは真逆、あるいはマユツバな証言はともかく、岸一郎はタイガースの監督を辞めたあともしばらく大阪にいて、のちに敦賀へと帰ってきたようだ。

「ぼくは一郎さんをタイガースに引っ張ったのかはよぉわからんですけど、昔、松木さんが学校に講演に来てくれたことがあって、最後に手を挙げて質問しようと思っとったんです。『岸一郎をご存じですか？　ぼくの大伯父さんなんです』って。ギリギリまでやる気だったんですけど、最後になんだかとてつもなくイヤな予感がして結局質問しなかったなぁ。あそこで聞いていれば何かわかったかもね」

そう言うのは卓志さんの車いすを支える息子の和徳《かずのり》さん。惜しい。そこで質問していたらどんな返事が返ってきたか。ただ、危機察知能力としては「質問しない」という判断は、おそらく正しかった。

卓志さんが何かを思い出したように語り出す。

「そうや。タイガース辞めて敦賀に帰ってきてから一郎はなんにもしなかったんやないかな。ただ、ひと月に一回ぐらい『阪神に行ってくる』と言ってどこかへ出かけて行っとった。一郎はタイガースの役員をやっとるなんて言うとったけど『本当は競馬場の方の阪神やないか』ってみんな噂しとったんや。一郎からタイガースの話、野球の話なんて、ひとつも聞いたことなかったからな」

タイガースで負った傷があまりに深かったのか。敦賀に帰って以降の岸一郎から野球の話は聞いたことがないという。

「まぁ、わしらも気ぃ遣うとったしな。向こうじゃ散々に悪いこと言われたり、書かれとったらしいやないか。それでも一郎からは愚痴のひとつも聞いたことがない。愛情があったんと違うかな。藤村富美男に対しても、まぁ、そりゃあバリバリのスター選手と年取ったじいさんの一郎とじゃ、うまいこといくわけないやろ。全盛期の藤村になんか言われたとしても、言い返せるわけがない。一郎がやってきたような古くさい昔の野球と、タイガースの野球、そら全然違うもん」

ちなみに卓志さんも和徳さんも大の虎党である。身内がタイガースの監督、しかも藤村富美男とやり合ったのち、チームから追いやられた立場というのは複雑な心境だろう。

「手紙送って採用されたことも知らん。畑をやっとっただけのじいさんが、ある日突然、『タイガースの監督になる』って大阪に行ってしもうた。そりゃ親戚は驚いたわな。でも敦賀じゃ一郎どうこうより『松木さんが引っ張ったんやろなぁ』って、みんな思っとるからたいした騒ぎにならん。一郎が監督になってからは、わしらも会社のもん連れ立って甲子園に見に行かせてもらったわ。旅費も滞在費もなんもいらん。開幕から辞めるまでの2カ月の間に5回は行ったな。一郎が試合前に迎えてくれるんや。タイガースのことはなんも言わん。うまくいってるとも、藤村と仲違いしているとも。元気はなかったけどな」

卓志さんは岸一郎が監督になれた理由を、今の今でも「松木さんのおかげ」だと思っている。そして当時の敦賀の人たちにとってもまた、無名の岸がタイガースの監督になったというよりも「松木さんが敦賀の人を監督にした」という認識のほうが強かったようだ。

やがて瞬きする間もなく一郎はタイガース監督の座を追われた。敦賀に帰ってきてからは一郎自身も親族も、周囲の誰もがタイガースのことは一言も話題を出さずに、タイガースとは無縁の余生を過ごしたという。

ひとつ気にかかった。岸一郎はいつまで生きていたのだろうか。栄光を目指して戦った吉田義男や小山正明や三宅秀史ら若い選手たちのその後の活躍をどこまで見ていたのだろう。岸が去った7年後の1962年。タイガースはセ・リーグ初制覇を成し遂げている。それは、岸一郎が目指した〝投手を中心とした守り勝つ野球〟での優勝でもあった。この栄光の瞬間を、岸一郎は見届けることができたのだろうか。

「どうやろうなぁ。確か一郎が死んだのが60年ぐらいやったと思うからなぁ。そこのお寺に一郎の墓があるから見てきたらええ」

かつて岸一郎の家があった雑木林の向こう側には、室町時代から約600年続く永建寺の墓地が見えた。敦賀を治めた戦国武将、大谷吉継の庇護を受け曹洞宗の中心的な寺院として栄えた同寺である。広大な敷地の外れの一角に、小高く積み上げられた石材とその上にひときわ古い墓石が3つ。その扱いからして名のある家のものだというのはわかるのだが、花のひとつも供えられておらず、野晒しといってもいい愛想のなさで佇んでいた。

「ここが岸家の墓地ですわ。一郎さんも眠っておるはずです……けど、わはは。なんて書いてあるのかまったく見えんな、こりゃ」

お墓までついてきてくれた卓志さんの息子・和徳さんが、参ったなと笑ってごまかす。

「本家は一郎さんのところなんやけど、あそこの3人の子供は2人が娘で、末っ子の長男は

20年ほど前に死んでしもうとるんです。うちが墓守をしてはいるんですけど、花も何もなくて申し訳ないですね。ごくたまに娘さんが、拝みにきてはるらしいんやけど」

なるほどどうして、経年の風化でつるつるになった墓碑からは文字ひとつ読み取ることはできない。せめて岸一郎の没年だけでもわかればと思ったのだが。

「前の住職さんは一郎さんの葬式もやっとるし、よお知っていただろうけどね。今の住職さんはほかの町から来た人やから一郎さんのことは直接知らんけど、まぁ死んだ日ぐらいならお寺にある過去帳を見せてもらえばわかるかもしれんで。岸の家はなんか知らんけどこの場所にお寺が来る前から住んどったらしいし、岸家だけの過去帳もどっかにあるらしいからな」

墓前に手を合わせ、和徳さんとこの寺の住職を訪ねた。長い石畳を抜け、山門をくぐり……エライ立派な本堂である。聞けば敦賀で最も檀家さんの数を抱えているお寺で、かつては天狗党を裁くために江戸から派遣された幕府軍の総督が本陣として使用していたそうだ。

「大谷吉継がこの場所に永建寺を移したのが約420年前ですから、その前から住んでいたとなると、岸さんのところは、このあたりではやはり名のある家だったのでしょうな。しかし、お寺にある過去帳も今はいろいろあって他人さまには見せられんの。和徳さんだけ残ってくださいな」

そう言って、身内である和徳さんを残して、一旦外へ出された。なんと個人情報保護の遵守精神に富んだ立派なお坊様であろうか。

お寺の外からは、岸一郎の屋敷跡のちょうど裏側が見えた。家自体は曽祖父が建てたものらしいが、岸一族はそれよりも以前からこの場所に住んでいたという。地面をよく見ると、敷地を取り囲むように石垣の足場が組まれている。近所の人からは名主という話があったが、武家のようにも思えなくもない。

「どうぞ」と呼ばれて本堂へ戻ると、過去帳そっちのけで、住職と和徳さんは気になる話をしていた。

「前に住職がうちに来たことあるの覚えとりますか？　旅行で奉天（現在の瀋陽）の駅舎に行ったら岸清松《きよまつ》の文字を見たって」

「なんだかそんな記憶がありますね。私がハルピンやら奉天に行ったのは随分前のことやけど」

「岸清松いうのは、一郎の父親ですよ。県会議員とかいろんなことやっとった。満洲の奉天駅を造るのにも関わっていたんやったら、一郎さんが満鉄に行ったのも父親の関係なのかもしれへんな」

１９１０年に開業した奉天駅は、ドーム状の屋根が特徴の東京駅を模した建築様式で、南満洲鉄道の中心的駅として発展を遂げた。この駅舎の定礎のようなものに岸一郎の父である岸清松の名前があったということは、岸家は一郎が南満洲鉄道で野球をする前から鉄道と密接な関係がありそうだ。果たして、その先は阪神電鉄へとつながっているのか。

「そらそうよ。一郎さんは満洲でとんでもないスター選手だったんやから」

さて、過去帳に記載されているはずの岸一郎の没年月日はどうなった。いつ死んだのか。タイガースの優勝は見届けることができたのか。そんなことも気になるが、まずは満洲に記された岸清松と鉄道の関係から、岸一郎がどのように育ってきたか、敦賀での聞き取りと新たに発見した資料をもとに、その半生に踏み込んでいきたい。

早稲田と満鉄

岸清松は1872年（明治4年）5月26日生まれ。廃藩置県されたばかりの福井県敦賀郡松原村に、地主である岸彌平次《やへいじ》の次男に生まれた。「幼い頃から勉学ができ、口も達者だった」という清松は、12歳の時に親戚の田中家の養子となるも、わずか3年で岸姓に復帰している。そのまま15歳で上京し「修学」。1894年、鉄道局に入局すると同時に隣村のちよと結婚。秋には長男である一郎が生まれた。

一郎が2歳の時には京都府庁に出向し、4歳になった1899年には渋沢栄一らが設立する京釜鉄道会社の立ち上げに参加するため朝鮮半島へ渡っている。その後、清松は朝鮮総督府鉄道局参事補に就任。一家は敦賀の本家を拠点に、東京の世田谷の別宅と、朝鮮半島の高級官僚が暮らす忠清南道の鉄道局の官舎で暮らしを始め、大田〜木浦を結ぶ湖南線建設にも所長として大きく尽力する。

朝鮮の後には満洲へも渡っている。日露戦争でロシアから割譲された支線から設立された南満洲鉄道株式会社の立ち上げにも関与するなど、岸清松は激動の時代、日本の外地における鉄道開拓史に深くかかわる仕事をしていたようだ。

そして朝鮮、満洲をつなぐ鉄道路線の開拓は、すなわち満洲からシベリア鉄道を経由してロシア、ヨーロッパへ至り、その一端は日本海を通じ敦賀へとつながる。父・清松は敦賀から世界とつながる壮大な夢を見ていたのだろう。41歳の時に突然敦賀へと帰ると、実家のある松原村の村長に就任。その後、敦賀町の助役を経て、10年後には福井県の県会議員に当選している。

清松は、日本各所から朝鮮半島、大陸を飛び回った。娘2人は敦賀の実家にいる長兄定吉に預ける一方で、幼い一郎だけは様々な場所へ連れ立ち、見聞を広めさせながら同時に教養、人との話し方、手紙の書き方、そしてノブレス・オブリージュの精神など、人の上に立つトップとしての帝王学を学ばせていたという。

１９０６年。大学野球の花形である早慶戦の人気が絶頂となっていたこの年。行きすぎた応援合戦から両校学生が一触即発の事態を招き、以降19年間にわたって早慶戦は中止されてしまう。

そんな時代の始まりに、一郎が東京の早稲田中学へと入学している。10期生。親元を離れた寄宿舎生活となるが、子供の頃から開拓の荒野を駆けずり回っていた荒馬である。身体の線こそ細いものの長身に恵まれ、利発でしかも弁が立つ。一郎はあっという間に学校の中心的存在となった。

早稲田中学で最も授業の時間が割かれたのが英語だった。また小説家でもある坪内逍遥が校長時代に特に力を入れていたのが倫理教育で、その内容は教科書を用いず、講話形式で聴かせて考えさせてのディスカッションが用いられた。それが、その後の一郎の人生にどう役立っていくのかはさておき、一郎少年の才覚はみるみる開花していく。

また、１９０９年に創部された野球部へと入り、本格的にピッチングを始めている。右で投げるよりも左で投げた方がいい球が投げられたということで当時では珍しいサウスポーになる。

まだまだ投手としては粗削りではあったが、ストレートの威力だけは抜群だったという。

１９１０年、第１回東都中学野球大会で早稲田中学は優勝。

元号が大正に変わる直前の1912年、帝都中学野球界の覇者、早稲田中学のエースとなった岸一郎は、9月3日、東京遠征で関東の学校から全勝を挙げていた京都一商（現・京都市立西京高校）と対戦。4番にはのちに早稲田大学でバッテリーを組む豪打のスター、あの市岡忠男がいた。

「早稲田に負けては全勝の名誉もすべて地に堕ちる」と、必勝を期する京都一商。東都の野球の最後の砦として、これを打ち負かさんとする早稲田ナインが砂を蹴って守りにつくほど、両校選手の気合でみなぎる戸塚グラウンド、午後2時。

先発の岸一郎は躍動感あふれる投球で試合開始から順調に飛ばすと、対する和田正三－市岡の京都一商バッテリーも早稲田に一安打も与えない。4回まで0対0のまま迎えた5回。京都一商はフォアボールから一死満塁のチャンスを作り、打席には4番市岡。ここで岸一郎が吼えた。ものすごい叫声とともに襲いかかるボールに、市岡はピッチャーへの飛球を打つのがやっとだった。

これに岸一郎、自慢のストレートをバットに当てられたことがよっぽど気に食わなかったのだろうか。頭上へと打ち上がった飛球に対し、「空振りを獲れなかったから負け」と言わんばかりに、グローブを差し出さず落球した。

早稲田はこれで失点。和田投手にノーヒットノーランに抑えられ、京都一商に敗れた。

これにて京都一商は東京遠征で全勝。しかし、この初対面での感じの悪い蛮行に市岡は戦慄したに違いない。あの不遜すぎる剛球投手。岸一郎というとんでもない投手がいることを。

１９１４年。19歳になった一郎はそのまま早稲田大学へと進学。

当時も今も学生野球の名門である早稲田大学。一郎は大学球界でも珍しいサウスポーであり、日本人離れした手足の長さと、鞭のようにしなる左腕が〝日本野球の父〟とも呼ばれる安部磯雄の目に留まり、すぐに登板機会が与えられている。

当時の早稲田の野球部は、禁酒禁煙丸坊主が掟。野球部愛、練習常善、部員親和、品位尊重、質素剛健、他人迷惑無用という今に伝わる部訓がある。一郎は6訓が示すがごとき早稲田の野球に触れたことで、より深い野球の道へとのめり込んでいく。

「大学時代の岸くんは、とにかく野球野球で、練習だけじゃなく、ひまさえあれば常にボールを触っているような男だった」

「野球に対してのカンというものがおそろしいほどに鋭く、わずかなヒントから打開策を見つけてしまう」

「ボールの握り方を常に研究していて、小指を少し曲げて投げると新しい回転を生み出し、ドロップとは違う、新しい変化球を編み出して面食らったことがある」

そんな部員たちの声が残っているように、24時間３６５日を野球とともに過ごした一郎は、めきめきと実力をつけ東都の舞台にエースとして躍り出るのであった。

……と、ここでまったくの余談ではあるが、岸一郎が早稲田大学へ進学した年。早稲田鶴巻町にドイツで料理修業を終えた福井出身の高畠増太郎が「ヨーロッパ軒」という店を出している。店の名物は、その年に東京で開かれた料理発表会に出した「ソースカツ丼」だ。その後、ヨーロッパ軒は横須賀を経て、関東大震災後の１９２４年に福井へと帰り「福井ヨーロッパ軒」を開店する。１９３９年には敦賀にも支店を出しており、大学時代に早稲田で岸一郎が食べたであろう「ソースカツ丼」は、今や福井を代表する名物となっている。

ちなみに現在の敦賀本店は岸一郎の屋敷跡から歩いて15分程度。お店の一番古い人に話を聞いてみたが、岸一郎のことは「まったく知らない」そうだ。

「岸のボールはストレートがベルトの位置から肩まで伸び上がり、ドロップは直角に真下に落ちる。特に素晴らしいのが正確無比のコントロール。思うところへ百発百中で投げ込める」

早稲田大学のエースとなった岸一郎をそう評すのは、のちに野球殿堂入りも果たした評論家、就任会見で筆がすべってしまった中澤不二雄。この時、明治大学の名遊撃手だった彼が言うように、球威で押すだけの投手だった一郎は、早稲田大学での壮絶な投げ込みによってコントロールという最強の武器を身につけたという。その評判は瞬く間に広がり、もはや大学球界に敵なしとまで称された。

そんな時、絶好の腕試しの機会が訪れる。1916年3月25日から7月17日まで、早稲田大学は監督の河野安通志《こうのあつし》を通訳にして第3回アメリカ遠征を行ったのだ。この時のメンバーは一郎のほかに、〝プロ野球誕生の功労者〟市岡忠男に〝巨人軍・初代総監督〟浅沼誉夫《よしお》、〝高校野球の父〟佐伯達夫などなど、その後の野球史に名前を残す超大物ばかりである。

この遠征は、約4カ月の間にハワイを含めたアメリカ大陸を旅芸人が如く転戦するという過酷な内容であった。試合はアメリカ各地の大学生や社会人チームを中心に戦い、28戦9勝19敗という結果に終わる。なんだ、結構やるじゃないか。さすが早稲田とスコアを見ると、勝った相手は「カメハメハ要塞砲兵」「サンフランシスコ日本人」と、なんともいいようのない顔触れだったりする。

だとしてもだ。彼らがこの時にアメリカで体験したこと。見たもの、聞いたこと。学びのすべてが、やがて彼らによって、後々の日本野球界の発展に大きく役立っていくことは間違いない。

一郎もまた、この長期遠征のなかで思うことがたくさんあったのだろう。その後はすっかりアメリカの文化に魅入られてしまったようだ。

帰国してからは秋の三大学野球(早慶明にこの秋から法政大が試験的に参加し四大になる)

での投球も含め、翌1917年の「第3回極東選手権競技大会（通称・極東オリンピック）」の代表決定予選でも一郎は明治・法政を完全に封じて早稲田大学が代表に決定。続く芝浦で開催された本戦では岸がアメリカ統治時代の強豪フィリピンを4対3に抑えて優勝している。もはや敵は国内にはない。一郎はこの頃になると、アメリカの野球に心を奪われていたという。憧れのアメリカ。あの自由の地には、同じ学年で打てばホームラン王、投げれば20勝を挙げるというレッドソックスのベーブ・ルースがいた。

アメリカへの憧れからなのだろうか。それとも別の浮ついた理由があったからなのかはわからないが、一郎は丸坊主が掟であった早稲田大学野球部にあって、ひとり髪を伸ばし始めたという。しかしこれも咎《とが》められることはなかったというから、精神主義のど真ん中でどんな魔術を使ったのか。謎は明らかにされていない。

この時代の一郎の写真を見ると、きちんとセットされた髪に、浅黒い肌。大きな目にスッと通った鼻筋、厚い唇と現代でも十分に俳優としてやっていけそうな整った顔立ちであった。当然のように一郎は大学野球の選手としては、かなりの人気があったようで、この頃の一郎を描いたブロマイドのような絵葉書も後世に発掘されている。

7月。早稲田大学は初めての大陸遠征に出た。満洲にはできたばかりの社会人野球チームがいくつかあり、野球人気を根付かせるためにも、満洲でも圧倒的な人気を誇る早稲田大学にぜひとも来てほしいと誘いがあったのだ。

一郎らが降り立った大連には、同地の社会人チーム、南満洲鉄道の野球部である「満洲倶楽部」と、満鉄以外の会社や商店に所属する社会人の混成チームである「大連実業団」があり、両者の試合は実満戦として人気を得ていた。

だが、そこは『花は桜木男は早稲田』と喩えられし、この当時の早稲田大学野球部。その人気といえば実満のそれをケタ違いに上回っていた。満鉄の刊行物には岸一郎のことも記してあり「野球を語るもので早稲田が生んだ日本球界随一の大投手、岸一郎の名前を知らぬものはおるまい」なんて、とんでもないスーパースターが来ると煽りまくっている。この時、一郎とともに大連に降り立った市岡忠男がのちに一郎のことを「沢村栄治に匹敵する」と言ったこともこういう経験があったからだろう。

しかし、この時の岸一郎は、肩をひどく痛めていた。そのうえ、試験明けも重なってまったく練習していない最悪のコンディショニングだったという。それでも早稲田は社会人2チームと2試合ずつ行い4戦全勝なのだから、実力差がどれほどのものかうかがい知れる。

満倶の初戦は手負いの岸が投げて12対0の完封。次の2試合は他の投手が投げて実業を完封、満倶には3点を取られたもののこれまた大勝し、最後の大連実業団戦。登板した岸は終盤まですいすいとゼロを重ねて再び完封ペースだった。

8回。ランナーが三塁に進むと、捕手の市岡忠男が何やら神妙な顔つきでマウンドへとやってきた。

一郎はこの時のことを手記でこう振り返っている。

〈その時、容貌魁偉なれど至って気の小さいわが市岡捕手がのこのこと私のところまでやって来て曰く『実業側は満俱が3点取っている以上、絶対に完封は許されない。今さっき三塁へ宙がえりで飛び込み井上を蹴った藤田という男、また本塁でも宙がえると言っている。あんな男に宙がえられたらおそろしい。頼むからまっすぐだけを投げて気持ちよく打たれてくれ、ただしホームに送球がきたらおれは逃げるぞ』と妙な了解を取りに来た。結局やろうということになり1点を献上したわけである〉

なんと。実業の藤田御都なる者は忍者か神風か。この元小学校体操教師の意地でもぎ取った1点により一郎は完封こそ逃したが、満俱、実業の打者たちは、その投球に苦もなく捻られ全敗を喫した。

そして興味深いのは、この3つも年上である市岡に対する岸の遠慮ない言いっぷりだ。タイガースの就任会見を見て、「交際すれば人は悪くないのだが、とにかく初対面の印象がよくない」と評した市岡の気持ちも、なんとなくわかる。

いよいよ卒業が見えてきた。一郎は、世界の野球に触れたことで、卒業後は恩師である安部磯雄の肝煎りでアメリカのカリフォルニア大学へ留学することになっていた。

しかし、この年アメリカは第一次世界大戦でドイツに宣戦布告をしており、折からの不景気もあって政情も治安も不安定。さらに一郎は「訳は言えないが、不肖の私でもただ一人の孫と慈しんでいただいた老祖母からある事情のため反対され」、アメリカ行きを断念するしかなかった。

もしもこの時、一郎がアメリカに渡っていたならば、〝世界のＩＣＨＩＲＯ〟が岸だった可能性はあったのだろうか。

日本国内からも一郎を欲しがる誘いは複数あったが、渡米を理由にすべて断ってしまっていた。それでも執拗に誘い続けてくる企業がひとつだけあったという。

昨年、一郎にこてんぱんにやられた大連の南満洲鉄道である。あの日対戦した早大の先輩でもある野球部の井上芳雄から、何度丁重に断ろうとも毎日のように手紙が届くのだ。一筆一筆、魂のこもった文字でしたためられた一郎の入社をただただ願う心からの懇願に、一郎は根負けしたのか思わず「万が一、アメリカ行きが中止となればご厄介になります」と約束をしてしまった。運の尽きである。

後日、一郎は達観したようにこう述べている。

「アメリカ行きが露と消えた時、迷い悩んだ私は老父に問うた。曰く〝男子一度約束したことは翻し得ず〟。ならば自ずと行く場所はひとつ」

最後に一郎の背中を押したのは、この時松原村の村長になっていた父・清松であった。かつて自らも開拓のために足繁く通った満蒙であり大連の地に、今再び息子が野球という武器をもって挑まんとする。その感慨はいかばかりのものだったろうか。

道は決まった。これが現代の会社員であれば、おめでとうおめでとうと家族に就職を祝われ、本業に就く前にやさしい先輩たちのオリエンテーションを通して、ここがどんな会社で、どんな仕事をするのか手取り足取り説明を受けるのだろうが、ここは大正ど真ん中。

「入社を決めたならとにかく一日でも早く大連に来てくれ」

次の日からも何事もなかったかのような同じテンションで井上から矢のような出発催促が飛んできた。

「ちょっと待ってください。大陸に行くのですから少しは準備させてくださいよ」

一郎がのんびりと返信すると、また自動返信のような手紙が来た。

「いや、そうはいかない。急いでくれ。理由があるのだ。実は間もなく始まる関東州野球大会で、今まで2年続けて満倶が実業団に敗れている。今年、3年連続で敗れると名誉ある優勝杯は永久に持ち去られてしまう。どうしても食い止めたいので早く来てくれ」

井上の鬼気迫る説得に、一郎は納得できないながらも、しぶしぶ荷造りをして大陸へと渡る船上の人となった。

なるほど。相手の都合などお構いなしに自分の言いたいことだけをぶつけられる……手紙とは、なんて有用な手段なのだろうか……そんなことを、この時思ったとか、思わなかったとか。

史上最高の左腕

1918年6月2日。一郎は満洲に上陸した。

早稲田大学のスーパーエース岸一郎が満鉄に入社したとあって、その野球部である「満倶」こと満洲倶楽部の関係者は気勢に沸いた。

入社の辞令を受けただけで入社式もないまま、すぐに始まった関東州野球大会の決勝戦にいきなり登板した一郎は大連実業団を軽く捻って楽勝。その後、2年間の大会はすべて満倶が勝利し、なんとリーチをかけられていた名誉ある優勝杯の永久権利を、逆に満倶にもたらしてしまった。

岸一郎は入社早々、満倶を救うために颯爽と現れたヒーローとなる。そして、大学野球の花形が遠征で満洲に渡り、その後チームに入団するという流れを拓いた先駆者ともなった。

のちに一郎はこの年から3年間が満洲倶楽部の黄金時代だったと振り返っている。

満鉄野球部の基礎を築いた遊撃手の猪子一到（のちの近鉄パールス社長）、筆まめの上にピンチになると「見てられない」と外套をかぶって試合を観ない心配性の一塁手井上芳雄、岸と同じ年に明大から入った大門勝、九州帝大の真田金城、京都一商の森田康太郎らとの日々は、一郎にとってもかけがえのない青春だったのだろう。一郎の回想を見るとひとりひとりの魅力について、あふれんばかりに書き記していて、この日々が一郎の野球人生にとって心から充実した時間であったことがうかがえる。

この満倶黄金時代にスーパーヒーローとして君臨していた一郎が、その野球人生を最も熱く燃やした対戦がその年の夏にあった一高（現・東京大学）との試合だ。

岸一郎の入団で連戦連勝を続けていた満倶の噂は内地にまで広がっていた。昨年の早稲田大学の顔見せ興行とは違い、はるばる満洲まで挑戦状を握りしめてやってきたのは、その年、早大をはじめ、東都の並みいる強豪を撃破してきた一高だった。その中心にいるのは、エースであるサウスポーの内村祐之。父はキリスト教思想家の内村鑑三。のちの東大医学部長を務める精神科医にして、第3代プロ野球コミッショナーにもなる才人だ。

一郎は早稲田大学時代に一高の内村を見ていたが「あれでよく投手が務まるなと思うほどヘタクソだった」と辛辣すぎる感想を漏らしている。しかし、満鉄への入社が決まり、いよいよ大陸へ出発するという前日に神宮で見た、慶応――一高戦で投げた内村の姿はまるで別人となっていた。インドロップとアウトシュートするストレートに手玉に取られ、あれよあれよと17個の三振を奪われる慶大打線を見て「これがあの時と同じ投手なのか」と一郎は思わず息を呑んだ。

その後、一郎が大陸へ来てからも内村の評判は届いていた。慶大に続き早稲田大学の後輩たちも7対0とこてんぱんにやられたこと。内村には手も足も出せず完封負け。それは羅刹《らせつ》の如きピッチングだったという。

そんな内村率いる一高が、内地最強の称号を引っ提げて満洲へ乗り込んでくる。しかし我々満洲倶楽部とて、遠征チームをことごとく血祭りに上げてきた「我こそは日本一の野球団」と称する大陸の用心棒。負けるわけにはいかない。試合前に一郎が「願ってもない雪辱戦だ」「戦わずして凄惨の気漲れる」と言葉の意味は不明だが、とにかく凄まじいやる気に満ちたコメントを残しているのも、また異例であった。

一郎と満倶の選手たちは、そこから文字通り火の出るような猛練習を不言のうちに開始していた。打撃練習では同じ左腕の一郎が相手になり、本気の豪速球を投げ込んだ。砂を食《は》み、血反吐《ちへど》を吐き、苛烈な練習に叫び声を上げながら、めきめきと上達していく実感を悦びにする選手たちに、周囲の人たちは「ケガするのではないか」と気を揉むほどだったとか。

そんな過酷な日々も、最後の練習を終えると、一郎をはじめ選手の多くが、「身体がスーッと軽くなるようなはじめての感覚を得た」と解脱ギリギリの境地へと到達する。やり切った。心の底からそう思えたのである。

戦いの当日。人の域を超えたはずの一郎はいつになく緊張していた。会社に出社しても仕事に身が入らない。ペンを持ってもいつの間にかボーっとしてしまい、気がつけば左手の甲に「必勝」という文字を書き込んでしまっている。こんなことは、野球人生でたった一度のことだった。

その日の午後、ついに大決戦の火蓋が切って落とされる。

満州倶楽部・岸一郎、一高・内村祐之の両サウスポーで始まった試合は、序盤こそ完全な投手戦となり膠着状態が続くかと思われた矢先、4回に一高が一死ランナー三塁のチャンスを作ると、打者の内村が一郎得意のインドロップをセンター前に運び先制。5回にも追加点を奪った一高がペースを握る。しかし、人智を超えた猛練習を積んできた満倶ナイン。このまま無得点で内村に屈するわけにはいかぬと奮い立ち、エイヤと気勢を上げながら終盤の8、9回に執念で同点に追いつく。そして、延長11回、4番打者・岸一郎の勝ち越し打で満洲倶楽部が3対2で競り勝った。

これに地団駄を踏んで悔しがったのが、その堅守から旅順要塞の〝老鉄山〟と呼ばれた一高の監督・中野武二。

「一回勝負じゃない。三回勝負だ。お願いする。負けたら坊主になる。この後行く予定の北京と天津への遠征もやめる！」

中野監督は満俱の山田潤二監督の一高時代の先輩でもあった。この時代の超タテ社会論理のごり押しは、あらゆる道理を超越する。試合は続くこととなった。

続く第2戦は大連実業団が相手となるが、エースが脚気のため、あのニンジャ藤田がマウンドに上がる。これを一高はものともせず打ち崩し、10対0と勢いを取り戻す。

さぁ迎えた〝泣き〟の最終決戦となる第3戦は、満俱・岸一郎、一高・内村祐之が再び正面からぶつかり合う見事な投手戦となった。

「私はこの一試合のためであれば、再起不能となるともやむを得ぬと決心した」

野球人生のすべてを懸けて臨んだというこの試合、スーパースター岸一郎の左腕が唸りまくった。ストレートは大蛇のようにせり上がり、ドロップは老鉄山の崖から落としたかのように直角へ落ちていく。これが見事にコントロールされ、一高の打者は、まったく打撃をさせてもらえない。内村も負けじと気力で熱投し、9回までスコアレスの同点という両者一歩も引かない展開。満員の球場には2人の闘気が満ち満ちていた。

その直後の10回。決着は唐突に訪れた。二死二塁。打者は4番の岸一郎――。一打出れば得点。この日一番の緊張感が周囲を支配する。

その時、隙を見た満倶二塁ランナー大門勝が三盗を仕掛けた。「まさか！」と焦った捕手が三塁へと悪送球。あぜんとする岸と内村を尻目に悠々とホームインする大門。これが決勝点となってしまい、1対0で大陸史上最高といわれる投手戦が幕を閉じた。

一郎は最後まで球威が落ちず15奪三振で完封。内村は本気になった岸一郎の実力を目の当たりにし、同じ左腕として畏怖を覚えたという。そして、この試合の後、本当に頭を丸めて、予定していた北京と天津での試合を本気でキャンセルしたあげく、大連で「解散！」とした老鉄山監督にも別の恐怖を覚えた。

「その男らしい態度、学生気分、プレー振りの高尚なりし事等、流石《さすが》と肯かれるものがあった。特に内村君に至っては古今の名手、日本に野球始って以来の名投手と考へる」とは岸一郎の言。

投げ合ったからこそわかるすごさ、というのだろうか。この時敗れた内村祐之も岸一郎に対しどれほど畏敬の念を払っていたのかは、その後の回顧録を読めばよくわかる。

〈満洲野球の実力をあれほどまでに高めた人は誰か。近鉄の猪子一到は育ての親と言ってい い。ユニオンズの浜崎真二もそうだろう。だが、功労者の筆頭はほかならぬ岸一郎である。岸君がいなければ満洲倶楽部があのように華々しい名声をうたわれることは決してなかった。岸君の武器はホップするストレートとまっすぐに落ちるドロップだ。しかし変わり身も早く、あのストレートを打ってやろうと身構えていると、チェンジオブペースで完全に打ち気を逸らされる。ベテラン投手のようなクレバーな投手でもあった〉

のちに球団オーナーたちにも忖度せずに衝突して、自分の信念に殉じて自ら辞任をした唯一人のコミッショナーである男気の人、内村祐之がこれほど入れ込んでしまう。それだけ岸一郎は格好よかった。そして、満洲における野球の隆盛に一郎が果たした役割は大きかったのだ。

当時中学生だった瀬之口虎男（のちの東邦海運取締役）は、この日の2人の壮絶な投げ合いを観客席で見て衝撃を受けたひとりだ。

「あの夏、2人の不世出の投手が白熱の野球試合を演じた名勝負を見た。その妙技と気魄に陶酔して痛烈な感動を受け、自分も高等学校に入学後は野球に情熱を燃やそうと決心した」

トラオ君だけじゃない。あの試合を観た観客のひとりひとりの心に灯された感動の火が、口伝えで大陸中へと伝播していった。

それは一郎が入団するより前の関東州野球大会では、ほとんど観客席が埋まらなかった試合が、翌年、翌々年になると満洲中の人々が入場券を求めて殺到するまでになった事実が証明している。

彼らは細身ながらも長い手足から飛び上がってくるような豪速球を投げる岸一郎の投球に酔い痴れた。俳優のような彫りの深い顔立ちのルックスもあいまってその人気は凄まじく、スター岸一郎の投げる姿を観に、球場はいつも活気にあふれていたという。それこそ時代が時代なら、巨人軍の沢村栄治や海草中の左腕・嶋清一らと並び称され、藤村富美男のようなスーパースターにもなれていたのかもしれない。

惜しむべきはまだプロ野球も都市対抗野球も始まっておらず、内地の日本人が満洲野球を知る機会はほとんどなかった。大正初期。満洲に野球が始まり、その熱を起こしていったのが猪子たちであるならば、人気を確実なものにしたのが岸一郎だった。

そんな岸一郎たちの満洲での成功例を見たからか、翌年以降、日本内地の有力な学生たちが続々と海を渡ってきた。

彼らにより満洲の野球のレベルは飛躍的に上昇する。1927年に始まった都市対抗野球は、第1回満洲倶楽部、第2回大連実業団、第3回満洲倶楽部と開催当初の黒獅子旗を満洲のチームが独占している。まだ職業野球が始まる以前、満洲は日本の野球を引っ張る存在であった。

大陸に渡ってきた選手のなかには、1リーグ時代のタイガースを初優勝させた第2代監督石本秀一（関西学院大）が1919年に恋人との駆け落ちで満洲に来て大連実業団に入団したほか、1934年には第7代監督の松木謙治郎も明治大から大連実業団に入団。翌年のタイガース創立に参加するまでの1年間だけ所属している。

さらに大連の満鉄倶楽部野球場で1940年8月3日に行われた巨人戦では、三輪八郎が球団史上初のノーヒットノーランを達成と、タイガースにとっても大陸は何かと縁がある。

話を元に戻そう。1919年。満洲での人気を得ていた満倶は、続いて東都の四大学と一高を合わせた5校と対戦するために、日本内地まで遠征の旅に出ることになった。

この遠征は、日本野球界に満洲野球の強さ、存在感を見せつける意味でも重要な戦いだった。当時の主流は大学野球で満洲の野球の認知度はまだまだ低い。一郎は主将としてチームを率い、まずは朝鮮半島で京城龍山と対戦しこれを軽く捻ると、ついに海を渡って日本へと上陸。かつて所属した四大学との対戦を前に、一郎はこう語った。

「私たちの遠征は木曽山中に育った義仲が都へ攻め上るという形で鼻息が荒いがたいしたこ

とはありません。二、三人の他はほとんど東京を知らないような始末ゆえ本場へ出てはなかなか思うようには参りますまい。一番おそろしいのは早大ですが、一高も内村君が出るので油断はなりません。しかし慶応にだけは何としてでも勝つ気です」

どうした一郎。明らかにモチベーションが落ちているじゃないか。昨年と同じような大事な試合を前に、一郎がフヌケたように弱気だったことには理由がある。この時、脚気《かっけ》を患っていたのだ。

侮ってはいけない。この時代の脚気は肺結核と並ぶ国民病で、4年後の1923年にはピークを迎え2万6796人が死亡している。ビタミンB_1不足という原因が解明されてからは劇的に改善されるのだが、この時はまだ富裕層から一般庶民までが罹《かか》るおそろしい病気とされていた。

鉄道と船に長く揺られる遠征は、全身の倦怠感や末梢神経のしびれを伴う脚気の一郎には相当応えたことだろう。さらにこの頃になると大学時代に故障していた肩が、再び鈍い痛みを伴うようになってきていた。

東京遠征の結果は2勝3敗。前年の一郎の神懸かった調子とは程遠い状態に、一郎自身も、チームも思うような結果は得られなかった。

「われわれ貧弱なる満洲倶楽部チームの遠征に際し各学校および好球家諸賢の多大なご後援

ご同情に深く感謝します。ある一部の人よりは不成績であったと非難されたが、われわれは大成功だと思っている。何故ならわれわれは全満洲のピックアップチームにあらず。単に大連における一介の会社チームにして、全体から見ればほんの一部に過ぎない弱小チームなのである」

一郎の出した声明は、まるで侵略に失敗した宇宙人のような負け惜しみに聞こえてしまうのはなぜだろうか。

事実、このあたりから一郎のピッチングは下降線を辿っていく。球速は次第に衰え、エースとしての働きができなくなっていくと、大きな心境の変化があったのだろうか。その2年後には、敦賀の隣町に住んでいた女性と結婚している。

この夫婦の当時の写真が残されているが、映画スターじゃないかと思うほどの美男美女である。

しかし、妻は身体が弱く海外での暮らしに馴染むことができず、その人生のほとんどを敦賀の家で過ごしていた。

秋に関東大震災が起きた騒乱の1923年。一郎は「感ずることがあって」と言い残し29歳で現役を引退する。

そのまま満洲に残り、南満洲鉄道などが出資した国策会社、日満商事の社員としての会社員生活をスタートさせる。野球をやめたことで翌年には上海へと転勤となるのだが、のちに満洲倶楽部がマニラで行われる第7回極東オリンピックの代表に決定してしまった。

一郎は上層部から「ちょうどいいから同行せよ」との社命を受け、最後のご奉公として投手兼任監督を務めている。一応、今でいう日本代表監督である。

結果はアメリカの影響下にあったフィリピンが全勝で優勝。日本は2勝2敗の2位という結果を残して、一郎は最後の大会を終えた。

この遠征に同行していた次の代表監督となる中澤不二雄は、この大会での岸一郎監督の采配のことはあまり覚えていない。その代わり、細くて色黒が看板の〝きっちゃん〟が、グラウンドでフィリピンの選手にタガログ語で話しかけられて戸惑っていたり、日本の選手団に英語で「ホテルはどこですか?」と聞かれていたりする姿に、野球部全員で大笑いしたことを覚えている。

悪ノリした野球部員らは一郎に「〝きっちゃん〟のお国は暑くてかないませんでしたわ〜」とニックネームで冗談を言っては笑い合う。一郎の野球選手として最後の夜に、部員全員で心穏やかな楽しい時間を過ごしたことが忘れがたい思い出となり、のちの世で猛虎たちを前にあのようなノンキな提案をしてしまったことに繋《つな》がっていったのかどうかはわからない。

一郎は日本へ帰る船旅の途中、上海の埠頭でひとりチームを離れて別れを告げた。これが当代きっての天才投手と謳われた岸一郎の野球との決別の時。まごうことなきスーパースターは、ここから30年の間、眠ることになる。

岸一郎が死んだ日

永建寺の本堂には緊迫した空気が張り詰めていた。過去帳に記されていた岸一郎の没年月日はいつだったのか。和徳さんがもったいぶるように口を開く。

「ええですか。１９６９年（昭和44年）４月３日。享年は75歳」

つまり、１９６２年のタイガース優勝に間に合った。一つ屋根の下で暮らし、一郎がタイガースの明日を託した吉田義男や小山正明、三宅秀史たちが優勝した姿を見ることができたのだ。

「ああ……一郎さん。タイガースの優勝が見れてよかったなぁ」

和徳さんが、安堵したような声を漏らす。

満洲で英雄として過ごした一郎が、30年後にタイガースの監督として再びスポットライトの当たる場所に招喚された。エースで４番。時代も規模も違うが「スター」と呼ばれた天才的なプレイヤーだったのだ。最初はプロ野球でもやれる自信も、新しいチームを作るビジョンもあったに違いない。

だが、そこは疑念策謀嫉妬が蠢く虎の穴。30年前の満洲の英雄なんて誰も知らないし、知っていても相手にもしない。なにより一郎自身が経験してきた野球は、登録人数15人ばかりでピッチャーもバッターも専門性が低く、戦術も少ない大正の野球であることは間違いなかった。実際にタイガースの中に入り、自分の野球が時代遅れであることは自身が一番理解できていた。時代は残酷だ。老いは非情だ。時のプロ野球界最高のスター、藤村富美男に「オイボレ」となじられ、何も言い返せなかった一郎の胸によぎった無念はいかばかりだったか。

知らぬまま終えた方がよかったのかもしれない。だが一郎はプロ野球界という未知なる魅力を放つ玉手箱を開けてしまったのだ。

その後、亡くなるまでの14年間。この敦賀の花に囲まれた家で、一郎はどんな思いで過ごしたのだろう。それは物語には描かれない、玉手箱を開けてしまった後の浦島太郎のように残酷なものだったのかもしれない。

ただひとつ。1962年の優勝。監督として提唱した「投手を中心とした守りの野球」での勝利。そして、かつてともに戦った選手たちが栄光を掴んだ瞬間を一郎はどういう思いで見ていたのだろう。

涙を流して喜んでいたのか。いや、憎しみに駆られ一瞥もしなかった可能性だってある。「その時」の岸一郎を妻や3人の子供は知っているのだろうか。

「奥さんは一郎さんより前に亡くなっとる。末っ子の長男も20年ぐらい前に若くして死んどるね。長女と次女はまだ存命のはず。でも深入りしとくんは、やめといた方がええんやないかな……」

それまでペラペラと流暢に話していた和徳さんが、明らかに言葉を濁した。

「まぁ……岸の家はいろいろありますからな」

岸の親戚はどこも疎遠になってしまっているようで、娘たちも最近まで存命であることはわかっているが誰も連絡先がわからないという。親戚筋からは音信不通になってはいるものの「長女はおそらく敦賀市内を探せばどこかにいる」という、おそろしく雑な所在確認はできた。

長女というのは甲子園三番町で一郎や吉田義男らと暮らし、梅本正之が「宮崎美子似」と絶賛していた、あの父親思いで気立てのよい娘のことだろう。

タイガース監督の時も身内で唯一、一郎のそばにいた彼女であれば、その後の一郎の有力な情報が手に入るに違いない。

市内を捜索した結果、敦賀市の外れに長女はいた。80代の中盤になっていたが、なるほど宮崎美子がその年齢になったと思えば似ていなくもない。そんな彼女は玄関を開けるなり言い放った。

「話すことは何もありません。父のことはあまり知らないんです」

明らかな拒絶する態度に意表を突かれた。スポニチのマムシと呼ばれた記者に、父親を心配して声をかけたあの気立てのよい娘の雰囲気とはまるで違う。

「確かに、甲子園のお宅で父と住んでいたことはあります。でも私は野球のことはほとんど知らないですし、父と野球の話をしたこともありませんから……」

今にも引き戸を閉じようとしている長女に当時の話を投げかけてみる。甲子園三番町の一軒家、心配しながら一緒に暮らした父。そして少し年上の吉田義男や小山正明ら若いタイガースの選手たちとの生活。覚えていないはずがないのだ。

「……懐かしい。吉田さんと……三宅さんがコンビで三遊間」

引き戸を閉めようとする手が止まる。

「あとはピッチャーの西尾さん……渡辺くん。もちろん覚えていますよ。懐かしいですね。みなさん、新人で、年齢が近くてとても楽しかった。あとはスポーツ新聞の記者の方がひとり。熱心な方でよく家まで来られていましたね」

表情が柔らかくなるのがわかった。彼女にとって甲子園での生活がイヤな思い出ではなかったということなのだろう。ただ、あの時。味方が誰一人としていなくなって地獄の渦中にいた父・一郎を、彼女は娘としてどのように見ていたのだろうか。そのまま玄関先で話を続ける。

「父は私にとって……子供たちにとっては、とてもやさしい父でした。いろんなことをよく知っていたので勉強もみてくれましたし、とてもおしゃれでしたし……。あの時、チームのなかで何が起きていたのかは、正直なところ何も知りません。タイガースが勝てば『おめでとう。よかったね』というぐらいで、家で野球の話はしませんからね。だって、私は野球の『や』の字も知らない18歳の女学生で、タイガースの監督に決まったと言われた時も、子供心にも、なんにもびっくりしなかったんですから……フフフ」

笑顔がこぼれた。長女は盧溝橋事件の1週間前、満洲の奉天で生まれた。一郎が43歳で授かった初めての子である。たいそうかわいがったに違いない。その2年後に妹が生まれ、太平洋戦争中の1942年に一郎は日満商事の参与となり、一家は日本へと帰国。東京は世田谷区下馬の家に移り住む頃に長男が生まれた。

戦争中には「おれは実際にあのアメリカという国を見てきたから知っている。戦争でアメリカに勝てるわけがない」と常々言っていたという。子供たちは疎開に出され、家は1945

年5月25日の山の手大空襲で燃えた。

終戦時、南満洲鉄道および日満商事などの関連企業はすべて解体となり、満洲にいた日本人はソビエト連邦の侵攻で日本へ引き揚げてくるまでに大変な苦労を強いられた。

一郎は東京で会社の代表として石炭の統制などをしていたため、幸いにも苦労は少なかった。しかし、敗戦により会社自体がなくなってしまったために戦後は敦賀へと帰り、700坪ある宅地の空白地を利用して畑を耕していたという。当然、長女には、一郎が野球をやっている姿を見た記憶はひとつも残っていない。

「ただ、私が小学校3年生の時に、教科書に父が出てきて驚いたことを覚えています。早稲田大学でバッテリーを組んでいた、おそらくキャッチャーの方（市岡忠男）が、岸一郎という投手がいかに素晴らしいかという話を延々としているだけのような日記です。それで父に『すごいピッチャーだったの？』と聞いたら、『キャッチャーを座らせてマトを絞ったら、必ずそこへ投げることができた』と教えてくれました。でもそれぐらい。敦賀ではいつも畑をやっていて、花や果物を育てていましたね。それも仕方なくやっていたのか、好きでやっていたのかはわかりません。あとは、時間があると近所の敦賀高校とか、知り合いがいた隣町の若狭高校に野球のコーチに行っていたようです」

戦後のリタイア後も近隣で野球を教えていた一郎は、かつて神戸支店に出向勤務していた

1930年頃に、神戸高商（現在の神戸大学）の監督を1年だけ務めたことがあった。この時の教え子にサントリーの鳥井吉太郎や、のちにセ・リーグ審判でありタイガースの二軍監督になる小柴重吉がいたようだが、当時の岸について小柴は「ピッチャーだから野手のぼくには何も教えてくれなかった」と回想している。同時期は松木謙治郎が一郎からノックを受けて「ヘタクソ」と帰ったあたりでもある。現役を引退した1924年からこの6年あまりで「再起不能になろうともこの一試合に必勝す」と野球に命をたぎらせていた満洲の英雄はすっかり色あせていたようだ。

しかし、戦争が終わり、敦賀に帰っていよいよ隠遁生活が始まろうというこの時。一郎は悠々自適に花を育て、コツコツと畑を耕し、ただ年を取っていったわけではなかった。

「よく手紙を書いていました。ただ、誰に向けて書いていたかはわかりませんし、返信がきていたかも私はわかりません」

このあたりから、野球界への復帰を目指してなのか、早稲田大学、満鉄人脈などの球界関係者を中心に、自身を売り込むための手紙を書き始めている。

タイガースの監督に就任する4年前の1950年。浜崎真二や安藤忍らとともに往年の実満戦を実現させた満洲の興行師、小泉吾郎が女子プロ野球を設立している。これに「レッドソックス」「ホーマー」「パールス」など、新チームが続々と決まっていくなか、岸一郎は満洲倶楽部の先輩、猪子一到の紹介で「ホワイト・リネン」の監督になることが決まっていたという。しかし、このチームは発表直前で後援会社が撤退を表明し、岸一郎監督も幻に終わったという事件があった。

「それから、たぶん早稲田の関係の方に呼ばれたのだと思いますけど、何回か東京へ行くといって、とんとん拍子に何かが決まった様子でした。気がつくとタイガースの監督になると言って。まぁ、私は全然野球を知らないので別に驚きもしませんでしたけど、そこから私だけが呼ばれて父と一緒に暮らすようになったんです。ただ私にとっては特別なことはなく、向こうの学校に通わせてもらったという感覚です」

シーズンが始まり、一郎がタイガースの監督を休養となった5月以降も父娘は甲子園に残り、しばらくの間は暮らしを続けていたという。

「家は五番町の方へ引っ越したんです。私は翌年卒業して大阪の商社に就職するのですが、しばらくは父も一緒に住んでいました。ただ、毎日私が学校に行っている間に父はどこかへ出かけていたようです。もちろんタイガースに野球を教えに行っていたのかもしれないけど、多分……競馬だったんじゃないかな。今になって思えば、ですけどね。若い時分にギャンブルは相当好きだったようですから」

この後も長女は甲子園の家にしばらく住んでいたが、〝タイガース技術顧問〟の肩書が取れた岸一郎は1957年の春頃に敦賀へと帰っている。

「身内から聞いたんですけど、タイガースからは敦賀に帰ってからもずっとお給料が振り込まれ続けていたようです。父が亡くなったのは私が32歳の時。胃がんでした。その時は妹も嫁いでいて、敦賀の家には弟だけが住んでいました。葬儀も弟がすべて取り仕切ってくれましたが、訃報は新聞にも出さないし、野球関係者にも報せていなかったので、人もそんなに来なかったようです」

いつの間にか玄関先で1時間以上も話し込んでいた。最初に「何も知らない」と拒絶されたことがウソのように、時折笑顔を見せながら、最後には部屋の奥からタイガースのユニフォームをまとった父親の肖像画ぐらいの大きな写真まで出してきて在りし日の父を懐かしんでいた。

その姿は〝気立てがよくて父親思い〟という、少女時代の面影をどこかに漂わせているようだった。

「久しぶりに父のことを思い出しました。私は父のことが大好きで、どこに行くのでも後ろをついて歩いていたんです。それこそ、競馬場にも連れて行ってくれたこともありました。父は私たちにはやさしかったんですよ。でもね……きっと破天荒なところもあった人なんだと思います」

岸一郎の最期を看取ったのは家を継いだ弟で、一郎の遺品の類も彼がそのほとんどを持っていったという。ただ、その弟も20年前に亡くなってしまっていた。

古い日記

「結婚した時に主人から『親父がタイガースの監督やった』って聞いた時はそりゃあ驚きましたけど、それからタイガースの本を見てもテレビを見ても、歴代なんちゃらなんて特集を見たところで、岸一郎なんて名前は一度も出てこんでしょ。ホンマにプロ野球の監督やっとったん？　て感じですわ」

そう言って長男の嫁である幸子さんは、俳優のブロマイドのような一郎の写真をまじまじと眺めながら、会えないまま死んでしまった義父に想いを馳せる。

「ただ、結婚して主人から『これが親父や』って写真を見せてもらった時、『ああ、あの時の人やったんだ……』と運命を感じずにはいられませんでした。実は私、女学生の時に会っているんですよ。敦賀駅前のバスのりばで、一郎さんを見かけたことがあって。なんで覚えているのかって、そりゃ、こんな田舎には珍しい立派な体格で遠目に見てもすごく紳士とわかるステキな方でしたから、びっくりしちゃったんでしょうね」

そうはいっても、一郎はその当時ですでに阪神監督を退いており、年齢的には60過ぎのおじいちゃんである。うぶな女学生の恋心を揺るがすとは、やはりスターを経験した人間の御威光というものは、隠しきれるものではないのか。

「まぁ……あの時、その人の横でなんかひょろひょろした貧相な男の人が風呂敷包みひとつ持って立っとったのもなんとなく覚えていたんですよ。あの人は誰やろか。息子にしては若いし、秘書やろなと思っとったんやけど……それがまさか主人になるとはねぇ。あはは。でも、それもこれも結婚して、全部この写真を見てからわかったことです。まったく縁というのはどこでどうつながってんのか、わからんもんですねぇ」

運命のいたずらに苦笑いする。そう、まさに運命の人になるはずだったこの一郎の長男は、すでにこの世にはいない。いや、亡くなるずっと前に離縁している。

「商売に失敗したんですよ。若狭湾の名物の小鯛の笹漬け。人にいわれてあれを始めたんですけど、気がつくと大きな借金をしていましてね。子供たちに被害が及ばないようにと離婚したんです。まぁそれ以前に性格の不一致というのもありましたけど。もともと商売人じゃないんですよ。どんぶり勘定で、商売っ気がないのに勝負してしまう。一郎さんもギャンブルが好きだったみたいですが、岸の血は勝負事が好きなんでしょうね。主人も離婚した後も借金取りから逃げ回りながら、最後まで何か事業をやろうとしていました。2000年にがんで亡くなってしまいましたけどね」

最期まで再起に懸けようとしていた長男は、志半ばで斃《たお》れ、父と同じあの墓に入ったという。ほどなくして家は取り壊され、一郎の遺品は長男の遺品と一緒に幸子さんが預かることになった。

「一郎さんの遺品のなかには大量の写真と、メダルや記念品などがありましたけど、一郎さんは本当にどの写真を見ても、存在感がドーンとね。まるで俳優さんみたいに男前やった」

そう言って幸子さんが奥の間から出してきた大量の岸一郎の写真を食い入るように漁った。羽織袴に学生帽の中学時代。サウスポーの元祖といわれた早稲田大学のユニフォームをまとった姿、満洲での会社員時代。結婚した写真。3人の子供たち。年を取って縁側で佇む姿、花に囲まれた在りし日の家――。

どの時代の岸一郎もなんて凛々しいのだろうか。幼年期から黄昏の直前まで、映画のポスターのようなフォトジェニックさである。

「そうやろ。ええ男よな」

今にもため息をつきそうな幸子さんが、ひとつ間を置いた。

「実は……ここにはもうないんやけどな。遺品のなかに一郎さんが書いた日誌が何冊もあるのを見つけてしまって……何が書いてあるんやろかと、一度読んでしまったことがあるんよ」

あった。筆まめの一郎のこと。絶対にどこかに日記か手紙の現物が遺されているとは思っていたが、やはり遺品のなかに岸一郎の謎を解く最重要証拠は残されていた。

どうやってタイガースの監督に就任することができたのか。そしてあの半年間の監督時代の真相は。好々爺然としながら、感情を表に出すことの少なかった一郎の、腹の内にはいったい何があったのだろうか。緊張しながら、幸子さんの言葉に耳を傾ける。

「なんかそんなに構えられると申し訳ないんやけどな……ものすごい達筆な字で書かれていたので全部は読めなかったんです。時期的には監督辞めて敦賀に帰ってきた後で、内容はタイガースのことなんやろうけど、具体的な話はようわからんくて。それよりも、なんや一郎さんて、男のくせにこんなに恨みつらみを書くんやろかと驚くくらい、えらいしつこい人なんやなって。開いたのが2〜3ページだけなんで、もしかしたらたまたまそういう日に当たってしもうたのかもしれんですけどね。うん。あっさりしとらん。読んでいて、なんかイヤな気になりましたわ」

やはり……そうだったか。

いや、無理もない。無理もないのだ。たとえこの日記のほかのページすべてが、ドロドロの呪詛の言葉にまみれていたとしても、そうだとしても致し方ないだろう。プロ野球の監督も連合艦隊司令長官も、人を束ねる立場の人間であれば何があろうと泣き言も恨み言も言わず、忍の一字で耐えなければならない。しかも一郎は監督時代、選手からは無視をされ、周囲からは嘲笑される屈辱の日々を送りながらも、改革を成し遂げんと、感情を表に出さずひたすら耐え忍んできたのだ。昇華させることのできない哀しみ、怒り、恨み、そして悔いない方が人としておかしいのだ。そして、それら無念怨念は敦賀の何もない隠遁生活という悠久のなかで、猛烈に発酵していったはずだ。

だがそれでもだ。山のようにあった日記のほんの1ページに刻まれた記述だけで「恨みを持ったまま敦賀へ帰り絶望の時間を過ごした」なんて、断ずることはできない。

「あと1ページは、ご近所トラブルについてやった。こっちも、あっさりしとらんかったわ」

ほらほら。そもそも怒りっぽいフラストレーションおじいさんになっていることだって考えられるのだ。

タイガースを追われて敦賀へ帰った後の岸一郎の腹の内に、負の感情が渦巻いていたことは間違いない事実だろう。ただ、岸一郎は死ぬまで失意の思いを抱き続けたのだろうか。それとも、藤村富美男や村山実、江夏豊や掛布雅之らと同じように、悲しい別離を経た後にも、タイガースへの誇りや愛情を持ち続けることはできたのだろうか。

「本当に申し訳ないんやけど、その日記や遺品は2年前に家を建て替える際にすべて処分してしまったんです」

手掛かりはここで途絶えてしまった。

生前の長男は、父・一郎との関係はあまりうまくいっていなかったという。ただ、そこは昔の親子関係である。揺るぎのない家父長制度のもと、長男にとって父親の一郎は絶対的権力を持つ大きな壁であり、偏屈な明治男そのもの。今の好き嫌いというものとは次元が違うことを理解せねばならない。

「別れた主人は昔から体格が小柄でした。ずっと野球もやりたいと訴えていたんやけど、一郎さんに『そんなもん、したってアカンから、おまえは野球なんてやめとけ』と断固反対されて、結局一度も野球部やらせてもらえなかったんやて。昔の親子関係は今みたいにぺちゃくちゃ余計なことしゃべらんし、父親が絶対やったからね。野球の名門、敦賀高校に合格しても、自分はコーチをやっているくせに、絶対に野球部に入ることを認めてくれなかった。そのことを、主人はいつまでも恨めしく思っていたようです」

1942年生まれの長男が12歳の時に、一郎はタイガースの監督に就任している。ちょうど中学に入学するという時期に、名門タイガースの指揮官として華々しくスポットライトを浴びる父親を、長男は誇らしく思ったに違いない。自分も野球選手になる。父親のいるタイガースの選手になる。そう志すことはごく自然な感情であっただろう。

だが、入学式から1カ月半後に当たる5月後半にその父はボロボロにされてタイガースを放り出された。仇を討ちたいと考えるのも自然な感情だ。しかし一郎はそれをよしとさせなかった。

「主人も、学校や周囲で、タイガースの監督なんてすごいすごいとちやほやされた後に、無能な監督みたいに言われたらねぇ……父親の無念をという思いはあったでしょう。私にそういう話はしてくれたことはありませんけどね。ただ『野球をやらせてほしかった』って」

長男の無念はいかばかりのものだったのか。だが、そこは男は黙って不言実行の明治男。長男に野球をやらせなかったことも、プロ野球の魑魅魍魎《ちみもうりょう》が跋扈《ばっこ》するドロドロの世界を見てきたからという可能性も捨てきれない。

身体の限界を超えて鎬《しのぎ》を削り、脳味噌が焼き切れるまで己の限界を高めて戦っても、野球界という独特が過ぎる村社会にズタズタにされて放り出される。そんな世界にわが子を入れてなるものかと、嫌われるのを覚悟で止めた……愛とは時に見栄えが悪く忌避されることも多くあるのだ。これもまた、よくいえば、であるが。

「主人は学校を出たあと大阪に就職するんですけど、ときどき一郎さんが敦賀の家の庭ででてきたイチゴを持ってきてくれたそうです。でも、そのイチゴが、いっつもちょっと腐りかけている。多分、どこかの女の家に寄ってからついでに来たのだろうって。あれだけの男前ですから、あっちにもこっちにも女性がいたとかなんとかって」

なるほど。キナ臭くなってきた。

禁じられた親子

一郎の子供を産んだのは本妻とは別の女性だという事実も判明した。

大陸や半島などの外地、日本各地を飛び回っていた一郎は各地に女性がいたようだが、子供たちの産みの母は、一郎が台湾勤務の時に出会った九州出身の日本人女性だった。2人は内縁関係となり、子供を3人授かるのだが、その後、敦賀へ引き揚げてきたところで、親権は本妻の方へと移る。本妻と離縁してほしいと一郎に懇願したそうだが、「妻は何も悪いことをしていない」とかばい、敦賀で子供たちと暮らすことになったという。

悲嘆にくれたのは子供を取り上げられた実母である。表立って子供たちに会うことは叶わなかったが、それでも面影を求めて、敦賀へやってきたという。

「主人はまだ記憶がない頃に本妻さんに引き取られているので、高校生ぐらいまでは、実母の方を乳母だと思い込んでいたそうです。運動会がある時なんかは、物陰から主人の姿をそっとのぞいていたようですけど、一度、一郎さんに手を引かれて歩いていた時に街中でバッタリ実母に会ってしまったらしいのです。おいでおいでとされた時、主人は一郎さんの陰に隠れてしまった。その時の『悪いことをしてしまった』という罪悪感がずっと残っている、という話をよくしていましたね」

実母は敦賀に来てから、旅館の仲居として働きつつ、別れた子供たちの成長を声もかけずに陰から見守っていた。それは決して表に出ることがない禁じられた親子関係。町で仲のよい親子を見かけるたび、旅館の休憩中にテレビでホームドラマをやっているたび、実母は目をそらした。

そんな実の母を不憫に思ったのだろう。長女は成人してから、新たに別の男性と結婚した実母の家に養子として入っている。

一方で本妻はとても美しい人だったが、若い頃から結核に冒され身体が弱かった。子供ができなかったということもあり、結婚後もほとんど敦賀の家にいたという。

その馴れ初めは、たまたま満洲で商売をしていた福井県出身である妻の父と、一郎の父・岸清松が大陸で意気投合したことで子供同士の結婚を決めるに至ったらしい。

本妻の親戚はまだ敦賀にいると知り、居住先を調べて尋ねていく。

そのご婦人の声には聞き覚えがあった。

一郎がタイガースの監督を休養後、「痔の治療」と偽って滞在した東京の西澄寺。表札にある名も、その住職に教えてもらった敦賀の親戚と同名であった。あの時は「何も知らない」と、まるで相手にしてもらえず一方的に電話を切られてしまっている。その理由が理解できた。

本妻は自殺していたのだ。タイガースが2度目の優勝を果たす1964年の夏。本妻は敦賀の花に囲まれた自宅の居間で、首を吊って死んでいた。

「病気を苦にしてとかいうものじゃないです。あれは一郎に対するあてつけだったのだと思います」

親族が発した絞り出すような声に、返す言葉もなかった。

遺体の第一発見者は一郎だったという。

コマン

「そうよ。いろいろあるのよ。岸の家は。そもそも清松さんにも本妻と後妻がいて、一郎さんも誰の子供かわからんところがある。親戚みんなに聞くんやけど、一郎さんの母親を見たことがないって。妹のうちのばあちゃんも『私ら生まれた時に母親はいなかった』って言ってたから、一郎さんも知らないでしょうね。まぁ、あの時代は入り乱れていますよ」

すらすらと和徳さんがしゃべる。だんだん気が重い取材になってきているのに「おお。よく探してきたな」となにやら試されているかのようだ。

実母の新しい夫は商売を始めた。大きな借金をして敦賀の幹線道路である赤崎のバイパス沿いにドライブインを造ると、これが人気となり大繁昌したので、大きなビルのホテルも建てた。

当時はバスツアー全盛期で、ドライブインには北陸方面に向かう観光バスが入れ替わり立ち替わりで停まり、大量のおみやげがあっという間に品切れになるほど人気となった。一郎の長男もここで小鯛の笹漬けを販売し、一時は商売も軌道に乗り始めるのだが、運悪く北陸自動車道が開通したことで赤崎のバイパスを通る交通量が激減。観光バスは姿を消し、あっという間に潰れてしまったという。

この跡地が、先日通った国道8号線の10階建てビルの廃墟なのだとか。

「あと言うの忘れとったけどな、コマン。そんな人がおったんやって。おそらく清松さんが囲ってたんやけど、誰も見たことがない。離れにひとり暮らしていたらしくてな。それが、とんでもない美人なんやて。踊りに歌に三味線とかの芸事はできるけど、日本人離れしているというか……外国人ぽいんよな。ロシアあたりの。近所の田中のおばちゃんだけが見たことあると言うとった」

なんだ……そりゃ。コマン。田中のおばちゃん。また新手だ。

「すべての謎を知るキーパーソンは田中のおばちゃんやで。ぼくは小学生の時に耳の聞こえないイシさんに、田中のおばちゃんの話を通訳しとったからよく知っとる。敦賀に帰ってきてからの一郎さんが月に何度か阪神に行っていたことも、その途上で各地にいた愛人宅に寄っていたらしいということもね」

謎の女、田中のおばちゃんは、あらゆるスキャンダルや噂話に精通した井戸端のプロフェッショナル。この人に会えたらコマンが何者なのかわかるのだろうか。

「それも残念。田中のおばちゃんもとっくに死んどるんですわ。身寄りも子供もいないから家系も断絶や。あと、ぼくも見たことないけど、そのコマンが住んでいた離れには、彼女が愛用してたっていう三味線が遺されていたらしいんよ。卓志さんは知らんっていうけど、ほかの親戚が見とる。なんや変な形やったらしいけど」

芸事が得意なロシア人。残された三味線とは、もしかしたらバラライカじゃないだろうか。ロシアの弦楽器。弦も3本だし、三味線に見えなくもない。

コマンという名はサッカーのフランス代表に同じ姓の選手がいたが、ヨーロッパ北部や、バルト三国。あとは東南アジアにその姓は多少みられる。ロシア人でいてもおかしくはないが、もちろん、日本人の芸者で「小万」という可能性も十分にある。

「まぁ、一郎さん、ロシアの血が入っていてもおかしくないわな。この辺の年代なら敦賀には普通におるんよ。裏のじいちゃんも、ロシアの2世だし、結婚してないはずなのに子供が

2人いるしな。あの当時はそういうもんやろ。それに一郎さん、日本人の純血にしては、突然変異というか、一族であれだけ体格がよくて、スポーツができるわ、足は長いわ、左利きだわ、さらに彫りがやたらと深くて男前やろ」

なんと。岸一郎ロシアルーツ説……頭が追いつかない。どういうことだ。岸一郎はソ連のスパイで、コマンの密命を受けて体制を裏切った元巨人のスタルヒンを追いかけてライバルチームであるタイガースへ潜伏。1955年、彼の現役引退という目的を果たして自身も痔で去った……。

いやいやいやいや……。取材がとんでもない陰謀論方面へ猛突進している自覚はある。好奇心は止まらないが一度正気に戻らなければならない。

事実として。敦賀の町には、ウラジオストクの航路が開けた明治以来、ロシア人の姿が日常的にみられたという。日露戦争で一時距離が遠くなるも、終結から5年後の1910年には日本全体の国別の来往先客数はロシアが2番目となるまでに復活している。さらに日露貿易の最盛期になると、貿易額で敦賀が横浜を抜いて1位になったこともあり、敦賀の町にロシア人が商店を出していたり、ウラジオストクの町に日本語新聞が置かれていたり、日露の学校が互いに修学旅行で訪れたりと、両国でかなりの濃ゆい交流があったことは確かだ。

ただ敦賀の航路が開けたのは、一郎が生まれた後の1902年。コマンはそれ以前に大陸かどこかで清松に会っていないと、この話は成立しないのだ。

やはり真相は近所の田中のおばちゃんのみぞ知る……という「誰なんだ」が連鎖していく、不完全燃焼の結末である。

べらいち

いいや。ちょっと待て。古い記録を見直してみて気がついた。岸清松が12歳の時に3年間養子に入っていた家は「田中」とある。コマンを知る「田中」と同じ家であれば、コマンは岸清松の生みの親、つまり一郎から見れば祖母という可能性の方が高くないだろうか。

「清松さんが一郎を連れて大陸に渡った時、コマンも一緒について行ったらしいで。妹のイシさんは敦賀の岸家にいた定吉さんのところに置いていかれたって言うとったしな」

記録によれば、清松の外遊には妻ちよも来ていて、1912年に朝鮮で亡くなっている。そして、もうひとつ気になることを発見した。清松の母であり一郎の祖母は同時期に敦賀で亡くなっているのだ。つまり、1917年、早稲田大学からアメリカへ留学しようとしたという一郎が「訳は言えないが、不肖の私でもただ一人の孫と慈しんでいただいた老祖母からある事情のため反対された」というこの〝老祖母〟がコマンである可能性がある。

「まだあるよ。聞きたいか」

和徳さんが、小鼻を膨らませて言う。

「実はな、岸の一族には〝コマンの血〟と呼ばれる天才児が時々生まれるんよ。不思議な力というか、女の子だと、びっくりするような美人が生まれる。顔つきが全然違う。目がぱっちりしてお人形さんみたいな。それですごく勘がいいんよ。運動もできて、頭もいい。幼くても、グサッと刺さる一言を言うたりして……ほんまびっくりしますよ」

一郎も、美形だ。早大時代は驚くほど勘がよいともいわれていたし、野球のトッププレイヤーになれるほど運動もできる。さらには字も達筆で人の心を動かす文章も書ける。これも、すべてコマンの血ということだろうか。

「そうだろうね。それに一郎さんって口がうまかったでしょう」

口がうまい？　一郎のタイガース監督時代を振り返ると、どちらかといえば話は好きだが、調子に乗ると、余計な一言を言って失敗するというイメージだが。

「そうそう。調子がいいというか、ウソばっかりというかね。調子に乗ってついつい話を大げさにしちゃうんやね。ぼくも子供の頃、親戚の集まりでこうやって調子よくベラベラしゃべっていると『ほら、そんなウソばっか言ってると一郎になるよ！』と叱られたもんです。口から出まかせ、ベラベラしゃべる一郎。略して『べらいち』というんですわ。コマンとべらいち。あれはもう血ですわ、血」

ひっくり返った。

べらいち。ベラベラしゃべるから、べらいち。しかもただのおしゃべりじゃない。「そんなだと一郎になるよ」と子供の戒めの対象となるような、身を滅ぼすほどのおしゃべり紳士の扱いだ。

そういわれると、この取材中でも合点がいくことがいくつかある。ご近所や親戚関係で、岸一郎のタイガース監督時代について聞くと、決まって「ウソだと思ってた」という返しがあった。あれは……べらいちだったからか。

タイガースに入ってからの「オーナーからは長期契約でと頼まれたが2年にしてもらった」と器を見せたことも、「山本五十六長官と友達だった」と交友関係自慢をしたこともそうだ。「藤村富美男といえど当たらねば外す」「巨人の川上・千葉に打たれるのはピッチャーが悪い」と軽々しく口をすべらせたのも、「私が休養して大部分の選手が寂しがってくれている」なんて強がりも、「痔瘻の手術」と言い訳をして逃げ出したことも、そうだ。すべては〝べらいち〟ゆえで説明がつく。

そもそもの始まり。野田オーナーに送った手紙。タイガースの将来を見据えて、ベテランから若手へ切り替えるべきとチーム改革論を訴えたことも、巧妙なべらいちが野田の心を捉えたということなのか。いや、もともとがタイガース以外にも手紙を送りまくっていた素浪人。「〝TIGERS〟のユニフォームを着ている人間ならば、私は誰でも愛することができる」という最後の想いも、話を聞いてもらっているうちについ調子に乗っちゃった〝べらいち〟だった可能性もある。

認めたくはないが、岸一郎の本音が刻み込まれていた日記の記述から推察するタイガースへの恨みつらみは、そのことを容易に想像させた。

「でも、べらいちだけではタイガースの監督にはなれないですよ。一郎さんと野田オーナーは監督を辞めた後も仲がよかったし、給料も出ていたという話をじいさんから聞いています。やっぱりそこは一郎さんに特別な能力があったからにほかならないですよ。一郎さんの妹、うちのばあちゃんも耳が悪かったけど、とんでもなく勘が鋭くて、小さい頃にぼくがやった悪事は全部バレた。すべてはコマンの血なんですって」

そんなコマンの血も、才能を活かせる場所があればよかった。特に脳味噌が焼き切れんばかりの刺激的な勝負を生業とする、勝負師として生きてきた人間が、その場所をなくしてしまった場合。多くの人がそうであったように、麻薬の依存患者のように刺激を求めてしまう。

満洲で野球を終えてからの一郎の生活は、酒こそ一滴もやらなかったが、うつ・かうの方面で随分と派手にやっていたようだ。

一郎が現役を引退した１９２３年当時。満洲でも競馬が行われ、一般人でも馬券が購入できるようになっていた。当初はレートや購入枚数に制限があったが、軍馬の品種改良や増産のため収益を増やしたい関東軍はのちに制限を撤廃し、ギャンブル性が高まっていく。一郎はこれに本格的に入れ込み、あらゆる勝負事にも手を出した。

勝負師の血である。さらに悪いことに実家は６００年以上続く庄屋。今の言葉でいう〝太かった〟というやつだ。その居間には間口が１８０センチもあるという仏壇に先祖代々の位牌が並び、豊臣秀吉から賜った茶器やら、国宝級といわれた観音様の木像なんてお宝もごろごろと存在していたという。

だがそれら先祖代々の宝物は今や、どこへいったかゆくえ知れずだとか。なんとなく予想はつくが。

「今はもう全部売っちゃって何も残っていないんですよ。ハハハ。まぁでもこれは一郎さんだけやないんですよ。なんというか……みんな。うーん。賭け事やギャンブルというか、挑戦が好きな家系なんでしょうねぇ……みんな、いろんなことにトライして財産全部没収されちゃったから。ハハハ」

挑戦好き。よく言えば、である。その秀吉から賜った茶器も、国宝級の観音像も、間口一間の仏壇も今はもう岸の家に残されていない。おそらく一郎か誰かが借金のカタにどこかへ売り払ってしまったことは容易に推測できる。

「でも岸一族の最大の賭けはやっぱり、一郎さんのタイガース監督やないでしょうか。なんでタイガースやった思います？　甲子園が一番近いから？　それだけやおまへんで。敦賀から船が出とったロシアのウラジオストク。あそこは〝トラの町〟いわれるぐらいアムールトラが身近にあって、町の紋章もトラ、祭りもトラなんよ。コマンはおそらくウラジオストクから来たんやろな。そんで幼き一郎にトラの話をたくさん聞かせた。そのおかげで……」

和徳さん……言いすぎだ。なるほど、これが〝べらいち〟ってやつか。


「いや、でもな。一郎のタイガースへの想いは本物やったと思うで」

甥の卓志さんがいう。

「わしはタイガースが好きだから、わかるんだわ。一郎に何度かタイガースの話を聞き出そうとしたんやけど、頑として話してくれなかった。藤村富美男はどんな人やったのか。小山や吉田はどんなんやったか聞いても、何一つ話してくれん。あれは相当な強い想いがあるよ」

和徳さんも「ああ、そうやろな」と追随する。

「一郎さん、タイガースでの一世一代の大勝負にも負けてしまった。そら、日記に恨み言つづるぐらいの悔いはあったでしょうけど、そこでどれだけひどい目にあっていても、監督をやらなければよかったなんて少しも思っとらんはずやで。だって、一郎さんは敦賀に帰ってきてから、一度たりともタイガースの話を口にはしなかったいうやないですか。あんな〝べらいち〟と呼ばれる人ですよ。『吉田や小山を育てたのはわしや』と言ったっておかしくないし、失敗を取り繕うために藤村富美男のせいにすることだって、阪神球団のせいにすることだってていくらでもできたのに、それをしなかった。よっぽど傷となったのか、人に言いたくない大切な想いなのか。どっちにしろ田舎にいたら、ただ年取って死ぬだけでしたからね。たとえボロクソな結果だったとしても、最後にタイガースの監督で勝負できたことは、エライことやったんちゃいますか？」

かつて、プロ野球の監督とオーケストラの指揮者と連合艦隊司令長官は、男として生まれたら誰もが憧れる職業であるといわれた。

齢60。かつての早稲田と満洲のスターは、何もしなければその思い出を胸に、敦賀の畑のコヤシとなって人生を終いにするだけだったろう。

そこから一郎は立ったのだ。情熱的な手紙での「タイガース再建論」と、口から出まかせのべらいちを武器に、一世一代の大勝負の舞台、甲子園へと辿り着いた。だが、そこは〝べらいち〟なんて子供の戯言にしか過ぎない、ウソと裏切り、策謀だらけの虎の穴。

敦賀の野球界に、岸一郎がタイガースの監督を務めたということを知る人も、言い伝えも何一つ残ってはいない。そして岸一郎自身、家族にも、親戚にも、大阪での出来事を語ろうとはしなかった。

あるいはそれが答えなのかもしれない。袋叩きにあっても、組織で孤立しても、忍の一文字で我慢を貫き通した。それはまごうことなき虎の監督の姿。最後に胸中に抱いたのは恨みなのか、誇りなのか。どっちでもかまわない。一郎にとってこの勝負は大勝ちなのだ。

そう信じたい和徳さんの気持ちが痛いほどわかった。

天狗党

夜になっていた。岸の家から直線距離で400メートルほど。暗がりの松林を抜けると、目指していた天狗党の慰霊碑に出た。やはり何度来ても独特の張り詰めた空気に怯みそうになる。ここへ来たのも、帰り際に卓志さんがこんなことを言っていたのが気になったからだ。

「天狗党は誰に首を斬られたか知っとるか？」

「いや……誰かはわからないですけど、天狗党は水戸藩の尊王攘夷派だから、敵対する幕府側の人でしょうか」

「福井藩、小浜藩、彦根藩の3つやな。最初はな」

1864年。過激な尊王攘夷思想で知られる水戸藩の改革派と呼ばれる浪士たちが「天狗党」を名乗り、横浜港を封鎖しようと筑波山で挙兵した。その後、徳川慶喜公に直訴しに西へ向かうも、幕府に〝浮浪之徒〟と指名手配されてしまったことで、ゆく先々の藩士と戦いながら最終的に敦賀の地で力尽き投降している。

その党員数828名。そのうち353名がこの場所で処刑された。

追討軍として天狗党を追いかけてきた幕府の田沼意尊《おきたか》ら200名は永建寺に本陣を設け、天狗党浪士の刑を決定するために取り調べを行った。その時に天狗党を収容した鰊小屋が慰霊碑の近くに資料館として残っているのだが、その扱いは手足を枷で自由を奪われ、食事は一日握り飯ひとつ。糞尿垂れ流しのひどい環境で監禁されていたという。

天狗党の処刑は公衆の面前で行われた。武田耕雲斎ら幹部は早々に来迎寺《らいこうじ》の境内で斬首されているが、党員の処刑はその後も4日間のうちに連日各100名ほどが斬首されている。

それだけの人数を処刑するには、幕府側としても大変な仕事である。幕府は近隣の福井藩、小浜藩。そして桜田門外の変で主君井伊直弼を殺害された彦根藩士が志願してきたためこれを首斬りの太刀役に申し付けた。

ただこの時、福井藩については藩主の松平春嶽が「一方的な浪士の賊徒扱いを好まず」と太刀役を辞退しているため、処刑は実質小浜藩、彦根藩のみが行ったとされている。

ここからが地元の人ならではの伝承話だ。

「春嶽公が同族を斬るのに心を痛めて地元の福井藩が辞退したことで、首斬りの手が足りなくなったんやろうな。この近隣で手伝ってくれる人はおらんかと、有力者にも頼んだんや。当然、岸の家にも依頼は来た。家にあった国宝級という観音様像は、その時に手伝った褒美の品として賜ったと聞いている。ただ……まぁ、あれも借金のカタに売ってしまったんやろうけどなぁ」

一郎が生まれる30年前の話である。本物の〝侍ジャパン〟がいた時代、敦賀の歴史の生々しさを感じつつ、そんな歴史の重みも顧みずに迷わず売り払ってしまう一郎のブレない勝負根性に嘆息する。

「だからな、一郎は、首斬りにも縁があるんよ」

卓志さんの一言に背筋がぞくりとした。

偶然ではある。こじつけともいえる。もしかしたらこれも〝べらいち〟なのかもしれない。だが岸一郎が、野田オーナーに抜擢された背景には、結果的に、タイガースのベテラン勢の血の入れ替え。〝首斬り人〟として遣わされた側面もあることは確かだ。そして監督となった一郎も志半ばで倒れたが、ここを端緒にして、藤村富美男をはじめ、金田正泰、真田重蔵、梶岡忠義、渡辺博之らベテランはみなタイガースを去り、〝血の入れ替え〟は完遂されている。

都市伝説とは、歴史の偶然を都合よく作為的に解釈して生まれるもの。わかっちゃいる。わかってはいるのだが、この逸話は、皮肉としてはあまりにも気味が悪い。

岸一郎。30年前のスーパースターで、首斬り伝説とゆかりのある野球人。その場しのぎのために起用された、素人の使い捨て監督というには、なんという業の深い男であるのか。

天下無双、早稲田大学のスーパーエースだった頃の岸一郎　（写真＝遺族提供）

晩年の岸一郎。映画俳優のような風格が漂う　(写真＝遺族提供)

第6章

苛政は虎よりも猛し

阪神の神様

「ほぉ、それは興味深い話やな。その日記が手に入っとれば、もっと核心に迫れたんやろうけど、残念やったな」

敦賀で借りた岸一郎の写真を眺めながら、内田雅也が苦いブラックコーヒーを啜っていた。

「まぁしかし、そうなると何がホンマで何がウソかわからんようになってくるな。大昔のお話や。球団のほうにも記録は残ってないやろ。タイガースも今や立派になって、球団職員もぎょうさん人増えたけど、球団の歴史を知らない人がほとんどや。奥井成一さんみたいな生き字引と呼べる人はおらんようになってしもうた。以前、甲子園の関係者入口の外に三宅秀史さんがひとりで立っていて、『三宅さん何しとるんですか?』と聞いたら『吉田くんと中で待ち合わせてるんだけど、ぼく入れないみたいでさ』だと。アホか。三宅秀史を立たしとくて、どこの球団や。そんぐらい勉強しとけやって」

念のため付記しておくと、阪神タイガースは2010年に甲子園球場をリニューアルした際に藤村富美男の10、村山実の11、吉田義男の23という永久欠番3人のレリーフを球場西側のメイン通りに作っている。外野スタンド側に甲子園歴史館もオープンし、伝統球団らしく歴史の重要性を後世に残そうと努めてはいるのだ。

だが、この永久欠番となった3人は3人とも去り際に禍根を残している。特にタイガース初の永久欠番となった藤村富美男は、引退後の1963年に国鉄スワローズの打撃コーチ、64～65年、68年には東映フライヤーズのコーチを務めたが、その後二度とタイガースのユニフォームに袖を通すことはなかった。

同時期に東西の伝統球団でライバルとして覇権を競った川上哲治がV9を達成し指導者としても名声を得た一方で、藤村は一時期野球から完全に離れ、一般企業の役員をやっていたこともあった。たまに甲子園に現れても、偉大なるOBゆえにどうやってこの英雄を扱えばいいのか声をかけられず、結局、腫れ物として放りっぱなしになってしまう。一時はOBが大事にされない阪神の悪しき伝統と囁かれもした。これも巨人では考えられないことだった。

「1985年の日本一になった時は、球場にもよく足を運ばれていたんや。OBルームにしょっちゅう顔を出してたな。それで1988年に村山実……村さんが2回目の監督になった時に、バックネット裏のやや一塁側の席に藤村シートという特別席をこしらえた。ミスタータイガースに敬意を表してね。藤村さんがいつ来ても試合が座って観られるようにって作ったんやろうけど、その頃にはもう体調がすぐれない日が多かったんやろうね、藤村シートは空席のままカバーをかけられている日がほとんどだった」

藤村富美男は1992年5月に亡くなった。
監督退任後の岸一郎との接触は一切伝えられてはいないが、岸が監督だったあの2カ月間。采配には従わず、ベンチで公然と悪口を言うなどいわば監督批判の急先鋒となっていた行動の背景を、のちに大井廣介がこう書いている。

〈(就任会見当初から)岸の暗君ぐあいに頭を抱えた田中義一は、シーズン前に藤村と金田を個別に呼び出していた。

『すっかりご存じだと思うが、あの岸老人は監督としてはあまりにも頼りない。シーズン中は二人でチームを引っ張って行ってくれないか』

この言葉に藤村が奮い立ち、行き過ぎと見えるような節々の行動を招いたのが真相だという〉

藤村富美男は会社の指令には従う男であった。そして金田正泰もまた、球団代表の田中義一も含め、「タイガースのため」と信じ、自分の果たすべき役割に殉じたということであろう。これもまた、ものすごく美しく言えば、なのかもしれないが。

結局いつも同じことなのだ。オーナーも、会社も、球団も。監督も選手も誰もがタイガースを愛してはいる。ゆえに誰もが疑心暗鬼になって自滅する。

最初に落とされた異物が岸一郎だった。球団創立以来、石本秀一であり、若林忠志であり、松木謙治郎が守ってきたタイガースという球団の魂を、受け継ぐべき人が受け継がず、よそから来た何も知らない人間が、ずけずけと「古い血は入れ替える」などと放言されては、家を守ってきた人間が黙っていられるわけがないのだ。今でも老舗企業の買収で乗り込んできた新しい経営陣との間によく起こるゴタゴタバトル。これは野球界でもダイエーやＤｅＮＡの参入時に似た景色はあった。

藤村富美男もまたタイガースの伝統を守ろうとしたのだ。そして、岸一郎を追い出すことにも成功した。だが、監督の岸に対する一連の横暴な態度は、一部選手たちからの明らかな反感を買ってしまい、結果自身の首を絞めることにもなってしまった。

「岸一郎の途中解任があって、その翌年には藤村排斥事件や。本来絶対的な存在である〝監督に選手が勝つ〟というあってはならんことが続いて起きた。それ以来のタイガースはずっと選手が王様やねん。逆にいえばどれだけ愛された選手でも監督になればボロカスや。金本知憲《ともあき》を見てみぃ。『アニキ』やら『金本さま』やら、どれだけ神様みたいに崇め奉ったか。連続試合フルイニング出場で世界記録を作った時には記念碑までこしらえて、本物の神様みたいやった。それが監督になって勝てなくなった途端に、一気に『なんやあいつ』となってしまうやろ。この変わり身はおそろしいで」

野球界には、〝名選手は名監督に非ず〟という格言があるように、現役時代は名選手と呼ばれ順当に監督となったスターが、勝てずにボロボロにされて現場を去ることは、よくある話なのかもしれない。ただ、タイガースのレベルはケタ違いだ。前述の金本、そして前監督の矢野燿大《あきひろ》も、やり方次第では名将になれたような気がしてならない。ファンには「負広」と呼ばれ、久万オーナーに「スカタン」呼ばわりされた中村勝広。安打製造機として暗黒期を支えた和田豊のスパイスはスキャンダルも絡めておもちゃにされ続けた。

藤田平は選手時代に「安藤監督の下ではやってられない」と引退・退団しているが、監督となるや新庄剛志に采配を批判され「阪神を辞めたい。環境を変えたい」とトレード志願。さらには「ぼくにはセンスがない」と引退宣言までされる因果応報である。プロ野球界で名将の名をほしいままにする野村克也でさえもタイガースでは1年で「この球団は手に負えない。もう辞めさせてくれ」とさじを投げかけ、サッチーの脱税で去るという最悪の終わり方をした。2021年に引退した鳥谷敬が方々のインタビューで「阪神の監督はできればやりたくないですね……」と答えてしまうのも無理はない。

「タイガースは監督になると、泥をかぶらせる役回りにしてしもうたんやな。その伝統を作ってしまったのが、岸一郎を監督に置いた野田誠三以降の時代。これはおれらマスコミが過剰に騒ぎ立ててしもうとるのが悪いということもある。でもファンの人かて、監督みたいな試合中は何やっとるかよくわからん人よりも、目の前でホームラン打ってくれる選手や、完封してくれるピッチャーがわかりやすくて好きやんか。藤村富美男は現役時代からそれを肌で感じてきたんやろな」

阪神タイガースは究極の選手ファーストを古くから確立させていた。プロ野球はファンを喜ばせる選手が主役。監督は負けの責任をすべてかぶる役割。巨人とは思想がまるで違う。

それは突き詰めていくところ、やはりタイガースをとりまく人たちの過剰とも呼べるチームへの愛情ゆえなのだろう。彼らが熱狂したグラウンドには、いつも神様がいた。たとえば藤村富美男。素人でもひと目でわかる、過激で面白くて、魅力的な野球をやってのけるスーパースター。たとえば村山実。全身全霊をかけたザトペック投法で長嶋茂雄に真っ向から挑み、全力で喜び全力で悔しがった。たとえば江夏豊。ストレートだけで王貞治と殺《や》るか殺られるかの勝負を繰り広げ、誰にもなびかなかった狼の孤高。

「まぁ、時代時代にスーパースターはおるけどな。やっぱり藤村富美男ってのはとんでもないスターやで。前に一度な、大阪で年配の方を対象にした『タイガースと大阪』という講演をやったことがあるんよ。そこで藤村富美男のスタンドプレーに対して、これ見よがしにちょっと汚い言葉を使ってしもうたんや。そしたらな、終わったあと、老人2～3人に囲まれて『あんまり藤村富美男のこと悪く言わんほうがええで』『明るい夜道ばかりやないで』なんて言うて凄まれてな。熱狂的を超えて、ホンマにこわいねん」

闇討ちの恫喝はやりすぎにしても、藤村富美男はつまりそれだけタイガースファンに愛されていた。

それは、チームメイトからワンマンといわれても、フロントから目立ちたがり屋と不興を買ったとしても、藤村富美男の起こした熱であり、ワクワク感であり、彼が欲した奇想天外な面白さという野球の本質は、最も届けたいと願っていたファンのもとに届いていたという証でもある。

〝ミスタータイガース〟。藤村富美男がそう呼ばれる理由が、おそらくそこにある。

虎の血

1985年。この年、吉田義男監督率いる阪神タイガースはバース・掛布・岡田の最強クリーンナップを擁する新ダイナマイト打線の爆発で、21年ぶりの優勝を目前にしていた。

その夏のある試合前のことだった。

「おう、カワこっちこい」

代打の切り札でありヤジ将軍のベテラン、川藤幸三がふいに名前を呼ばれた。

「こんな時に誰やねん」

訝りながらOB室に行ってみると、そこには年老いた虎、藤村富美男がいた。

「おい川藤、おまえの最近の態度はどういうことやねん」

あかん。また怒られる。川藤には思い当たるフシがいくつもあった。タイガースが絶好調のこの時分、川藤の出番はどんどん少なくなっていた。しかも試合にも出ていないくせに、試合中はベンチでふんぞり返ってヤジばかりを飛ばしていた。マウンドに監督が行けばああだこうだと騒ぎ立てる。代打の打診を受けても「ここはワシやない」と拒否することもあった。そんなナメくさった態度を藤村に咎められたのだと察知して、思わず「すんません」と首をすくめた。

「なんや監督の吉田よりもおまえの方が、ふんぞり返ってえらそうやないかい」

「そら……采配は監督がするもんやとわかっとります。だけどワシは監督がやることすべてが正解だとは思いません。監督が間違えた時に、おかしいもんはおかしいと言える選手であること。これは補欠もレギュラーも関係あらへんと思っています」

アカン！　ついムキになってしまった川藤は思わず虎に言い返してしまっていた。なんてことをしてしもうたんや。次の瞬間、どんな怒声が飛んでくるのか川藤は身構えていた。

「カワ、それでええんや」

思わぬ藤村からの返答に、川藤は一瞬意味がわからなかった。

「藤村さん、何がですか?」

「それでええんや。ワシはおまえのあの態度を見ていたら、久しぶりにワシらの頃の血が流れとる男が出てきたと感じ入ったんや。そうや。監督がおかしいと思うたら、選手は言うこと聞かんでええ。ワシらもそうやってきた。その代わり、自分のことは自分で責任を持つ。それがタイガースや。監督の顔色をうかがっているようではあかんのや」

褒められているのだとやっと理解できた。

「せやけど藤村さん。監督に反抗してばかりじゃ使ってくれませんやん。ワシかてゲームに出たいですよ」

「アホか。カワ、おまえ今年は何本ヒット打っとる?」

「……に、2本か3本ちゃいますかね」

「ヒット2本や3本しか打ってないくせに、一軍のベンチでふんぞり返っとる。そんなやつ、他の球団のどこにおんねん。よぉ考えてみろ。なんでタイガースはそんなやつに18年もメシ食わしとんじゃ。それはおまえの役割があるからや。おまえは試合に出なくてもいい。打ったり投げたりはレギュラーに任せておけ。おまえは胸張っておくんや。〝世の中はワシが動かしとる〟ぐらいの胸の張り方や。その代わり、チームが苦しい時、雰囲気が悪くなった時は監督も苦しんどる。そんな時でも平気でもの言って、空気を変えられるのがおまえの仕事やろ。タイガースはそうやって戦ってきた。その歴史を後輩たちに伝えていくこともおまえの役目なんや。そのために打ちもせんおまえをベンチに入れとるんやろが。しっかりやれい！」

この時18年目の36歳。川藤は、藤村の言葉で初めてタイガースの一員として認められたような気がした。そして〝タイガースとは何か〟という根っ子を、この時、初めて藤村に教わった。

「今、タイガースが久しぶりに優勝争いをしているやろ。新聞を見れば、阪神タイガースやなくて『吉田阪神』と書いてある。なんやねんこれは。ええか。タイガースの監督は吉田や。せやけどタイガースは吉田のもんではない。タイガースがあるから吉田がおるんや。ワシらは監督やコーチに認められたくてやってきたわけやない。ファンに認められるために必死になれたんや。それが諸先輩方が作ってきたタイガースであり、虎の血なんや。これを後輩たちに繋いでいけ」

川藤は、タイガースという球団はよその球団とは何かが違うとずっと感じていた。なぜタイガースにはこんなに熱狂的に応援してくれるファンがいるのか。まわりからケチやダボやと嘲笑され、オフになったら主力と会社のお家騒動。球界一のお騒がせ球団といわれながら、シーズンに入ったらちっとも巨人に勝てない。そういうチームでも、阪神タイガースにはこれだけ数多くの応援してくれるファンの人がずっとついてきている。それは藤村富美男ら先達たちが、ファンの方を向いて必死にプレーしてきたこと。それはもしかしたら勝ち負け以上に大事なことかもしれん。ワシらは勝てばいいだけの巨人とは違うんや。優勝回数は負けとるかもしれんけどな。タイガースは愛情の深さが違う。

「なんや、やっぱりええ球団やないか」

その時、川藤は心からそう思えたという。そして気がついた。お家騒動ばっかりでどうしようもないと思っていたこのチーム、自分自身が阪神タイガースを愛していたことを。

1985年、阪神タイガースは日本一になった。2リーグ制になって以降、ただ1回の日本一。初めて経験する勝利の美酒を存分に味わった後、川藤の心には一抹の寂しさがよぎった。

「ワシは寂しかったんや。ワシみたいなザコが優勝経験をさせてもらった一方で、江夏さん、ブッちゃん（田淵幸一）、藤田平さんという御三家がタイガースのユニフォームを着て優勝することができなかった。みんなタイガースからいなくなってしもうたんや。あんな形で追い出されてな。みんなそれや。そんな仕打ちを受けたら永久にタイガースなんて大嫌いになるやろ。逆や。みんな、今でもタイガースが好きやねん。なんでや」

時代時代でスターが生まれては、去っていった。スターが見る世界をサラリーマンは理解できない。ちやほやされ、「わがまま」といわれ、不良債権扱いされて放逐される。最初はみんな同じ方向を向いていたはずなのに、いつの間にかバラバラとほつれていく。その多くが、どうでもいい個人的な感情のもつれや、哀しいすれ違いを源流としている。

現役を引退して37年。川藤幸三は2010年から阪神タイガースのOB会長を務めている。最初にこの話があった時、「ワシみたいな補欠が会長になったらアカンやろ」と断ろうとしていた。そんな時に思い出したのが「おまえには役割があるやろ」という藤村の言葉だった。

タイガースのOBたちには引退した後、いろんな思いを持っている人がいることを知った。現役時代のわだかまりから快くOBを名乗れない人がいること。一度も一軍の試合に出ないままやめても、田舎に帰って生涯タイガースにいたことを誇りに生きていた人がいること。そして、「自分はどうせ補欠だったから……」とOB会に足を運べない人たちがいることもだ。

「活躍できずに引退した選手も、それこそ途中で辞めはった監督にしても、FAやトレードで来てくれた選手だってそうや。それがたったの一日だったとしても、このチームのために必死になって生きた人間であれば、それはタイガースの一員や。恥じることはない。『ワシはタイガースのOBや』『タイガースで生きたんや』と堂々と胸張って言うてほしいんですわ」

虎の血はスーパースターだけに流れるものではない。補欠も裏方も含めたタイガースを愛した人たちの血と汗と思いから滲み出た結晶だ。川藤は、そのことを先人たちには誇りに思ってほしいと願う。そして、この虎の血を後輩たちに繋いでいかなければいけないということも、だ。

優勝の味

岸一郎が退任してから7年後の1962年。タイガースはセ・リーグ初優勝を果たした。監督は岸一郎が決まる前に要請を断られたあの名将・藤本定義。

中心メンバーは1番ショート吉田義男、2番サードに三宅秀史。これにセカンドはバックトスの名人鎌田実とで〝鉄壁の内野陣〟を形成。4番ファーストは島倉千代子の旦那、藤本勝巳。3番並木輝男、5番ソロムコのクリーンナップに、キャッチャーは沼津で代走に出て藤村に帰れと怒鳴られた山本哲也。ピッチャーはWエースと呼ばれた小山正明と村山実。岸一郎が重用した若手の渡辺省三は10勝、大崎三男は引退。大型新人西村一孔も肩の故障が完治せず2年前に25歳で現役を引退し、大津淳も同じく前年で引退。投手だった梅本正之はこの年から外野手に転向していたりと、7年も経てば主力メンバーの顔触れもかなり変わっていることがわかる。

梅本正之は肩の痛みから投手を諦め、この年から外野手に転向していた。

「ぼくの自慢は、藤本のオヤジの自宅に呼ばれてエライすき焼きをご馳走になってることや。あれは名将やね。ぼくが大洋に移籍しようとしているところを残ってくれと言われた。外野手に転向いうたかて戦力にはならん。コーチみたいなもんで、ほぼノックをやっとった。『ノックで生きてみろ』言われてな。そういう人を見る目、適材適所に使うのはすごかったんちゃうかな」

この年のタイガースも下馬評は決して高くなかった。前年優勝の巨人か2年前に優勝し黄金期を迎えていた大洋の評価が絶対的に高く、次いで中日と国鉄。広島と阪神はカヤの外と予想されていた逆境からの優勝だった。

現に打線を見れば、チーム打率2割2分3厘、総本塁打数64本と見事なまでの貧打線である。それでも奇跡と呼ばれた優勝に手が届いたのは「小山・村山・休み」と揶揄《やゆ》されながら全75勝中52勝を挙げた小山正明、村山実のWエースと、後ろを守る吉田、三宅、鎌田の鉄壁の内野陣という圧倒的な守備力。

そう、〝投手を中心とした守り勝つ野球〟で勝ったのだ。

なによりも、あの13年連続で勝ち越せずにいた因縁の巨人戦に14勝12敗2分けと勝ち越した。これも、元巨人監督の藤本が、タイガースの選手たちが見ている前で、かつての教え子川上哲治監督に「おい、テツ」と上からものを言って、こびりついていた巨人コンプレックスを払拭させたという逸話が残る。

この年のタイガースの選手たちの変化を、スポーツニッポンの荒井忠記者はこう書いている。

「これまで不平不満を挨拶にしていた選手から愚痴がなくなり、代わって夢が出てきた」「阪神に必要なのはこの〝おやじ〟だった」

そもそもは前監督の金田正泰の後ろ盾として入団し、金田が飛んだことから就任した監督の座。タイガースとは別の文脈から持ってきたとはいえ、藤本はやはり百戦錬磨の監督であり、選手にとって頼れる父親的な存在だった。

それでも万事がうまくいっていたわけではない。9月上旬には三宅秀史の目にボールが当たり戦線を離脱するという哀しい事故が起きた。26日には首位大洋との直接対決に連敗し、一時は自力優勝が消滅すると「もはや優勝は絶望的」と悲観的な報道が先行していたが、最後の最後まで結束を崩さなかったタイガースはその後の試合を4戦全勝と粘る。逆に大洋が7試合を1勝6敗とダダすべったおかげで、優勝が転がり込んできた。

10月3日。優勝が決まったシーズン最終戦の甲子園広島戦。観客は超満員とはいかず優勝決定戦でもわずか2万人。吉田義男の記憶だと「5000人程度だった」という今では考えられない寂しい入り具合ではあったが、試合はエース小山正明のシーズン13回目となる完封で6対0の勝利。王者と呼ぶに相応しい戦いでタイガースとしては15年ぶり、2リーグ制になって初めての優勝を決めた。

これまで万年2位と嘲笑され、幾度となく手にしたかと思えば、お家騒動と自滅ですり抜けていった優勝という悲願を現実のものにして、タイガースファンは歓喜に沸いた。スタンドでは風船が舞い上がり、紙テープが乱れ飛んだ。涙を流してグラウンドになだれ込んでくるファンと選手が一緒になって藤本監督を、大車輪の活躍だった小山・村山を胴上げする。野田誠三が手を叩いて喜び、戸沢一隆らフロント陣が万歳を三唱する。藤本が万感を込めた。

「選手も会社も、我々もぴったりと息を合わせた。いわゆる阿吽《あうん》の呼吸だった。長いシーズンはピンチもあったが、選手はチーム愛に燃えて努力してくれた。〃タイガースのために〃という選手の精神は、私がコーチになった時に引き出せば必ず出てくるものと信じていた。そして〃タイガースよ強くあれ〃と常にファンには支えられてきた。それらが結集しての優勝だった」

優勝とは、これまでの辛苦やゴタゴタがすべて徳に代わるかのように報われる瞬間だ。勝ったという結果は当然として、この球団に対するすべての人の思いが同じ方向を向けた時に訪れる最高の瞬間だった。

この時、球団顧問という肩書になっていた藤村富美男は、この優勝に際してほとんど目立ったコメントを残していない。かつて毎日引き抜き事件の時「ワシはタイガースの藤村や」と啖呵を切り、岸一郎が監督に就任した時にも「私は〝タイガースの藤村〟であるように努力し、〝タイガースの藤村〟として働いているつもりだ。そしてこの気持ちは今後も絶対に変わらぬ」と投げかけた。長年にわたり全力を尽くしてタイガースを体現してきた藤村にとって、自身は果たすことのできなかったセ・リーグ優勝は心静かに見守るべきものだったのかもしれない。

優勝の喜びは今ここにいる選手・監督だけのものではない。多くの虎の血を分けた、今はこの場にいない人たちにとっても同じことだった。

この優勝を、「投手を中心とした守り勝つ野球」を最初に提唱した岸一郎は見ていたのだろうか。そしてその胸に去来したものは。タイガースの岸としての祝福か。それとも、いまだに晴らされることのない恨みだったのか。

そして歴史は繰り返す

優勝した前の年。大阪タイガースは阪神タイガースに名称を変更している。「タイガースのフランチャイズは大阪だけではなく、広い意味から阪神にしたほうがいい」という野田誠三オーナーの発案で、帽子のエンブレムのＨＴもこの時に作られ「大阪タイガースの歌」は「阪神タイガースの歌」となった。

監督は金田正泰だったが、排斥事件の主犯でありながら最初に降参した金田に対する求心力はやはり低かったのか、就任2年目の1961年6月、低迷を理由にシーズン途中で休養となってしまった。

「私をどうか助けてください」

もともと藤本は、そういって後ろ盾になってもらうべく金田が神戸の藤本宅を詣で、三顧の礼でヘッドコーチに迎え入れていた。藤本自身は、「実はそれより前に藤村富美男も自宅に遊びに来ていた。いろいろと話を聞いて、彼が監督になるのだろうと思っていた。金田が監督になるとは意外だった」と回想している。

金田が来たあと、すぐに球団代表の戸沢一隆から電話が来ていた。藤本は市岡忠男、セ・リーグ会長の鈴木龍二と相談したのちに、タイガース入りを受諾した経緯があった。藤本と戸沢は〝傍目もうらやむほど〟ウマが合ったそうだ。

金田の休養で藤本が監督に昇格し、現在に至るまで唯一の巨人・阪神の監督経験者となる。

「球団側、予定通りの行動」

翌日のスポニチにはそんな見出しが躍り、荒井忠記者は「金田さんは戸沢さんの支持を受けていないので、やがて藤本さんの手に権利がわたると見越していた」と書いている。気配はあった。その年のキャンプは藤本の提言で甲子園を離れ、高知市営球場で行われている。金田は決定までそれを知らされておらず、危機感を感じたのか、キャンプが始まると「若手投手を見てほしい」との理由で藤本を二軍の地へ遠ざけている。

タイガースの監督となった藤本は1962年、1964年といずれも大洋ホエールズを最後の最後で逆転し優勝を果たす。

一度目の優勝の翌々年。エース小山正明が「世紀のトレード」で大毎へ放出されている。藤本の二つ名は「伊予の古タヌキ」。小山にトレードはないと言いながら、大毎・永田雅一オーナーの熱烈なラブコールで山内一弘とのトレード話が成立した。「ウソばっかり。言うことを正面から見てはダメ。横から見ないと」とは小山の弁である。

1965年からは巨人軍のV9が始まる。藤本はこの年限りで体調不良を理由に総監督に退き、中日から一軍投手兼ヘッドコーチで呼んでいたあの杉下茂を監督に昇格させた。オーナー野田誠三から杉下への指令は二つ、「若手の登用」「血の入れ替え」が厳命された。外様・投手監督・首斬り人。10年前と同じ景色である。

1966年、開幕からタイガースは負けが込んで5位に低迷する。新人・藤田平を開幕一軍に入れ、サードで使うも結果が出ない。若手偏重の起用にベテランからは文句が噴出した。ならばとベテランを使えば、今度は野田オーナーに呼び出されて「なぜベテランを使うのか」と問い詰められる。板挟みの杉下が困惑するその光景を総監督の藤本定義が微笑みを浮かべて眺める。またしても地獄の光景が蘇る。

オールスターが明けて後半戦。杉下は球団ワースト記録の8連敗を含む2勝14敗というドツボにはまった。

8月10日の巨人戦で事件は起こる。ホームスチールを敢行した巨人・黒江透修《ゆきのぶ》が本塁上でタッチアウトになるも、牧野茂コーチの「ボークだ」というアピールに、よもやの判定が覆り決勝点を奪われてしまう。当然タイガースベンチは大激怒だ。しかし穏やかでありつつ、江戸っ子でさっぱりした性格の杉下茂監督。抗議に出るや、審判の説明を少し聞いただけであっさりと引き揚げてしまう。これに激怒したのは敦賀の魚屋『魚辻』の長男・辻佳紀だ。

「かつての名投手だかなんだか知らんが、自分ひとりが説明を聞いてあっさり納得しても我々の気持ちは収まらん。責任者はケンカするつもりでやってもらわんと。それがなんだい。ああ簡単に引き下がって。ファイトファイトと言って、一番ファイトがないのは誰や」

杉下は、野田オーナーや戸沢球団社長など上層部からだけでなく、ついには選手たちからも突き上げを喰らう。またしても10年前と同じ景色は繰り返されていく。

8月13日。広島の吉川旅館で杉下監督の休養が発表された。後任監督は総監督の藤本定義。再びグラウンドに戻ってきた指揮官はその後を30勝15敗3分けと態勢を立て直し3位に滑り込み、またしても名将としての評価を高めた。これもすべては老獪な伊予の古タヌキの描いた画の通り……そんな意地の悪い見方をする人もあった。

さて、敦賀に戻ってきてからの一郎は、畑仕事にもあまり精を出すこともなく、日がな一日を花と果物の世話やぶらぶらとして過ごしていた。タイガース時代のことを人に聞かれることもなく、趣味程度でやっていた近所の高校へ野球のコーチに出かけることも、年とともに回数が減っていった。

娘2人は成人すると相次いで東京へ嫁いでいき、息子は敦高を出て職人になるために大阪に就職している。

給金はタイガースからしばらく出ていた。恨み言や泣き言を日記帳に叩きつけてはいても、もらえるものはもらっていた。しかし、ケチが祟って藤村排斥事件を起こしているタイガースとしては、随分と手厚いと感じる。

それは監督に抜擢した野田オーナーなりの心遣いだったのだろうか。岸一郎は手紙を通じて、野田オーナーと親密な関係になったということは冒頭から何度も書いた。そして、手紙より前に野田オーナーに岸一郎を推薦した人物がいるということもだ。

これが藤本定義ではないか、という身内からの推測がある。

まさか、とは思う。が、「鉄道関係者」「早稲田大学関係者」「野球界に影響力のある人」という、これまでちりばめられた人物のヒント。早稲田大学の10学年下で、岸とバッテリーを組んだ市岡忠男に巨人の監督として引っ張られる前は「東京鉄道局」（現・JR東日本硬式野球部）の監督でもある。プロ野球では巨人を皮切りに5球団で29年という監督生活を送り、沢村栄治にスタルヒン、三原脩、川上哲治から、米田哲也やバッキー、江夏豊までを教え子とする、〝影響力しかない〟圧倒的な名将。すべての条件に当てはまる。

実際に、新監督の交渉が行われていた1954年の秋。大映スターズで惨敗のシーズンを送った藤本定義は、一時はタイガースの監督就任に傾いていた。しかし永田オーナーの強力な説得により一転、大映残留を決心。タイガース側の依頼を断っている。

この際に、早稲田の先輩である岸一郎を野田に推薦したのではないかというのだ。

時間軸的にも、人脈的にも、可能性としてはなくはない。

だが、田中義一は決定するまで野田が岸一郎と交渉していることを知らなかった。1954年の時点で藤本が田中をすっ飛ばして野田に推薦する理由と関係性が証明できない限り、ここを繋げることは難しいだろう。

ただ、そこは日本プロ野球史上最長の監督年数29年。歴代3位の通算1657勝を挙げ、巨人と阪神の両方で監督となった唯一無二の名監督。

日本のプロ野球で初めて試合日程から逆算してローテーションを組んだというその深慮遠謀な策略と、人心掌握に長けた老獪さを持つ「伊予の古タヌキ」。その後のタイガースに起こる展開を見越し、先遣として「血の入れ替え」と投手陣の整備をするため岸一郎を野田誠三に推薦した……なんてことは妄想の域を出ない戯言でしかないが、話としては、面白い。

同じ身内が言う。

「それと、山本五十六閣下は旧知のはずですよ。東京の家の近所に住んでいたんですよ。友達だったというのも、まんざらウソじゃないかもしれません」

連合艦隊司令長官とプロ野球監督……話としては、面白い。

阪神監督という呪い

タイガースは人を狂わせる。甲子園という非日常でのお祭り騒ぎ。対東京、対巨人という反骨と大阪への帰属意識。そしてファンをしびれさすスーパースターができる土壌。メディアが大々的に扱ってくれること。叩かれる監督。邪魔をするフロント。それでいて優勝がなかなかできないもどかしさ。これ、すべてが相互を補完し打ち消し合う循環であり、逃れられないメビウスの輪のようにも見える。

ファンも、球団も、本社も、現場も、マスコミも、みんなタイガースを愛している。狂おしいほど。ゆえに一緒の方向をなかなか向かない。みんな好き勝手な方向で、喧々囂々主張をぶつけ合い、結果として責任者たる監督がすりこぎのようにすり減ってみそをつけられて潰されていく。

誰もが憧れる名誉あるポジションでありながら、タイガースの歴代監督はのべ35人とプロ野球で最多。巨人は19人。南海～ダイエー～ソフトバンクは17人と半分以下であることを考えると、いかに異様かがわかる。

それだけタイガースの監督は、人間ひとりが請け負える負担量としては許容を超えた苛烈なポジションであり、あちこちで爆発しまくる火中の栗を素手で拾いにいける、責任感と覚悟がなければ請け負えない聖職であるように思えてくる。

「もう懲り懲り。2回目の監督を辞めた時に妻にも『二度とタイガースの監督はやらない』と誓っていましたからね」

タイガース史上で最多となる3度の監督経験を誇る吉田義男は、もうこの先に何が起きようともタイガースの監督はやらない。そう決めていたからこそ、フランスに渡り代表監督も引き受け〝ムッシュ吉田〟となったのだ。

1996年秋。就任時に「鬼平になる」と心意気を熱く語っていた第26代監督・藤田平が、案の定袋叩きにあっていた。口下手な職人タイプの男は、ファン、選手、フロント、マスコミ、球団営業部や職員までから総スカン。再び〝鬼平おろし〟が吹き荒れる一家総出の鬼退治となり、球団は解任を通告。これに藤田平は不当解雇を訴えて9時間半も球団事務所に籠城したのち過去最悪ともいえる状態でクビを斬られた。

この一連の騒動と次期監督候補に並んだ後輩たちの名前を、ムッシュ吉田は「頑張れよ」と他人事で見ていたという。

10月。フランスから一時帰国していた吉田義男のもとへ、盟友の三好一彦球団社長がやってくる。

「タイガースの監督をやってほしい。タイガースを再建できるのは君しかいないというのが本社も球団も含めた総意なんや」

吉田は、三好の言葉に「正気か」と耳を疑った。そして冗談ではないと思った。

「ありがたいお話ですが、私は心から二度と阪神の監督はやりたくないんです。心から」

「でも君しかおらんのや」

交渉はそんな言葉のラリーが延々と続く。結局それも時間切れとなり、ムッシュ吉田は再びフランスへと旅立った。

翌年。吉田義男は第27代阪神タイガース監督として甲子園のベンチに座っていた。「ドアホ」といわれながら。

「なんでなんやろね。なんやかんや考えても、タイガースに対して愛情があるんでしょうね。監督を2回もやって、ファンにもマスコミにもボロボロに叩かれることがわかっとってもですね、結局、ぼくには野球しかないし、タイガースが困っているならこれを放っておくことはできない。誰かがやらないかんのですからね。だから、まぁ。『タイガースの監督ほどけったいなもんはない』っちゅうことなんですわな」

「おっかない」と、タイガースに感じた最初の直感は当たっていた。タイガースはウソをつく。しょうもないウソから世紀の裏切り。人を容易に狂わせる、裏切り、貶め、ウソ八百。記者を使い、派閥を作り、一方がホントならば一方がウソになる合わせ鏡のような人間の業。だけどひとつだけ。こんなにウソにまみれた世の中でも、心から信じ切れるたったひとつの純情があることも確かなのだ。裏切られても、踏みつけられても、ドアホと笑われても、貫き通せるタイガースへの愛。それだけが、この球団と、そこに魅かれた人々を衝き動かしている真実である。

２０２２年10月。阪神タイガースの第35代監督に岡田彰布が就任した。子供の頃からタイガースを一途に愛してきた虎の人。この人もまた同じようなことを言っている。

「年齢的にもそんな長くできないと思うんですけど、最後タイガースのためにユニフォームを着ようかなという気持ちになりました」

早稲田大学出身。２００５年にＪＦＫを擁してタイガースを優勝に導いた経験者の再登板である。この岡田も２００８年に13ゲーム差を巨人にひっくり返されたことで電撃辞任となった。その裏側にあったとされるフロントとの軋轢。戦力はあった。歴代監督でも長期となる5年も指揮を執り、うち3年間は80勝超えを果たしたが、「そんなもん。長いタイガースの歴史からすればほんのひとコマに過ぎん」と言い捨てて去っていった。

２０２３年2月のキャンプ初日。岡田は報道陣からの「球団への愛はあるか？」という質問に対しこんな答えをしている。

「球団に愛はないわ。球団のメンバーはちょくちょく変わる。阪神という名前には愛はあるけどな。当然ＯＢとしてな、勝ってないというのもあるし、いつも言うていたけど見ていて歯がゆい部分もあったしな。なんで勝てないというのもあったし、いろんな面でユニフォームを着た限りはな。やっぱりね、勝たないとアカンということよな」

岡田監督は64歳。岸一郎をも大きく上回る、タイガース史上最高齢での監督就任となった。

エピローグ

岸一郎が敦賀に戻ってきて6年が経った1963年の春の日のこと。家の裏にある敦賀市営球場に阪神タイガースが試合をしにやってくるというニュースが流れた。

これまでタイガースが敦賀に来て試合をすることなんて一度もなかったこと。それが明治大学に通っていた駅前の『魚辻』の息子、辻佳紀がタイガースに入団することが決まったことで、敦賀の町は大いに盛り上がり「タイガースを呼んで辻選手の壮行会と壮行試合をやろう」と地元の有力者たちが中心になって計画が持ち上がった。

敦賀に帰ってきてからというもの、家族の前で野球の話などひとつも口にしなかった一郎であったが、その試合が決まってからの期間は、明らかに挙動がおかしかった。どこかに出かけては、すぐに帰ってきたり。心ここにあらずという感じで落ち着かない。

試合の前日になって一郎は、たまたま家に来ていた長女につぶやいた。

「あした、みんなに会ってこようかな……」

今思えば、それが勇気を振り絞った言葉であることはなんとなくわかるのだが、あの当時の長女には、志半ばでタイガースを辞めるしかなかった一郎の複雑な心の内など理解しようもなかった。

「ああ、行ってくればいいいんじゃない」

長女は心から野球に興味がなかった。

その翌日。敦賀の文化会館では、入団した辻佳紀をはじめ、吉田義男、村山実、小山正明など昨年優勝したタイガースのメンバーたちが集う豪華な式典が行われていた。

それが終わると午後からは敦賀市営球場で壮行試合と称したタイガースの紅白戦が行われる。彼らの姿をひと目見ようと、市営球場は立ち見があふれるほど多くの人で賑わい、その中にはプロ野球の試合を初めて観に来た美浜町の中学生、川藤幸三少年の姿もあった。

球場の近くまで来ていた一郎は、なかなか球場内に入ることができずにいたという。元監督であり、知った顔だってあるのだ。「どうもご無沙汰しております」と正面から堂々と入ればいいのであろうが、退団の事情が事情なだけに面を合わせることをためらわせたのだろう。遠くから中の様子をうかがっては外に出て、知り合いの顔を見つけたら物陰に隠れ、不審者のようにうろうろとしていると、球場入りする選手たちの中からひとり。こちらを見つけて駆け寄ってくる選手がいた。

岸は慌てて踵《きびす》を返すが時すでに遅し。

「ご無沙汰しております。お元気にしていらっしゃいましたでしょうか。おかげさまでピッチャーらしくなりました」

そう言って、頭を深々と下げてお辞儀をしたのは、タイガースのエースに成長していた小山正明だった。

岸が小山に何を言ったかはわからない。ただ家に帰ってから長女に「小山が挨拶に来てくれたんだ」と子供のようにニコニコしながら、うれしそうに報告してくれたそうだ。

……いや。ちょっと待てよ。ここで疑念がよぎった。……これも〝べらいち〟なのではないだろうか。不安になって小山本人に当ててみた。

「あんまり覚えていないですけどね。地方の球場に突然岸さんが現れて、挨拶しに行ったのは覚えていますよ。なぜって、そりゃ……お世話になった人に会えば、挨拶するのは当然のことでしょう。岸さんは、タイガースには珍しい温厚な人でしたから」

本当だった。胸が熱くなるのを覚えた。

ならば、もうひとつ問いたい。この話には続きがあって甥の卓志さんが一郎に「小山と吉田が家に泊まりに来たんや」と言われたのだという。

「いや……それはないですね」

べらいちだった。また胸が熱くなるのを覚えた。

初優勝から7年後に岸一郎は死んだ。その葬式はプロ野球関係者が誰もいない質素な式だった。

3人の子供は遺品の整理をしていた。部屋からは早稲田大学時代のメダルや賞状。満洲にいた頃の野球道具など野球関係の品があふれるほど出てきた。価値があるのかもしれないが野球がわかる人間がいないので、ほとんどのものは人にあげるか捨ててしまった。

長女は一郎が着ていた着物をもらった。タイガースのものは何があったのかあまり覚えていない。ただ、机の中からタイガース戦のチケット半券が何枚か出てきた。そのうちの1枚。日付は1962年10月3日、優勝決定試合だったのではないかと長女は思っている。

「大変な人生でしたけどね。タイガースでのいざこざは私にはわからないけど、若い時分に大学や満洲で活躍したことよりも、たとえ2カ月だけでもタイガースの監督になれたことがうれしかったんだと思いますよ。父は晩年までタイガースのユニフォームを着た、あの写真を一番気に入っていましたからね」

べらいちで、勝負師で、破天荒の血。だけど、何よりも濃かったのは虎の血だった。

写真のなかで微笑む岸一郎は、やさしい安らかな顔をしていた。

その顔はまた、虎のようにも見えた。

敦賀の自宅に飾られていた早大野球部時代の写真　（写真＝遺族提供）

岸一郎のお気に入りだったタイガース監督時代の写真。大切に保管されていた　（写真＝遺族提供）

あとがき

２０２３年。阪神タイガースは日本一になった。

終わってみれば2位の広島に11・5ゲーム差をつける圧勝。新聞テレビ雑誌あらゆるメディアは黄色に染まり、そのなかで監督の岡田は連日のように「名将」と大絶賛された。岡田とは孫ほどに年の違う選手の起用論、育成論が分析され、岡田の口癖であり「優勝」の隠語を意味する「アレ」は「A．R．E．」というチームスローガンになり、年末恒例の新語・流行語大賞にもなった。

経済効果は９６９億円。改めてタイガースの持つ圧倒的な力を見せつけられた。

あの日、岸一郎という異端の監督に出会ってから約10年。岸一郎を通じて「なぜタイガースが優勝できないのか」という議題を取材してきた。オーナーと本社、球団の力関係。監督と選手王様体質、派閥と報道合戦、タニマチと金……この本に書ききれなかった岸時代以降の歴史と裏舞台も含め、タイガースという唯一無二の特殊球団ぶりに圧倒された。

そして、この原稿をまとめ終わった年に優勝を果たしたこと。なんという運命的なエンディングであろうか。筆者にとってはゴールへ辿り着いたご褒美のようであり「タイガースで優勝することのなんと難しいことか」と簡単に結ばせてはもらえない、最後の問題である。

阪神タイガース、38年ぶりの日本一。2005年ぶりとなる岡田監督2回目の優勝はタイガースの歴史上、藤本定義ぶり。関西ダービーも59年ぶり……となるこの優勝。前年と比べてたいした補強もないのに、どうしてタイガースは日本一になることができたのか。

「ワシらの優勝の時も21年ぶりや。ぶり、ぶり、ぶり、ぶり、言うて、富山の寒ブリかっちゅうねん。まぁでもこれが毎年優勝するようなチームだったら、こんな大騒ぎはせんよな」

11月。東京で日本海の海鮮丼を食べながら、川藤幸三が放笑した。

おそらく、毎年のようにタイガースが優勝していたら道頓堀には誰も飛び込まない。優勝までの期間が空けば空くほど、亡念が強ければ強いほど、到達した時の瞬間的な喜びは凄まじい爆発力を生む。そういう意味ではファンをこれほど喜ばせることができる優勝の間隔も〝虎の血〟の原理原則に適ったタイガースの罪深き魅力なのかもしれない。

「しかし、岡田岡田と、どいつもこいつもオカひとりが優勝させたみたいに言うけどな。ローマも優勝も一日にしてならずや。今年のオカの功績は当然大きい。でも、ワシはその前に監督だった矢野や金本や和田や、その前の時代があってだと思っている。負けても積み重なるものがあるんや。過去の代々の監督たちも、優勝しよう、優勝しようとして、何かが足りなくて負けた。勝つには勝つ要素があり、負けるには負けるだけの要素がある。それが年輪のひとつになって、結果が実ったのが今年になっただけのこと。監督の力がすべてじゃない。まずは何が必要かって、戦力がなければ勝てん。名将・知将いうたかて、あの野村克也さんが来て阪神は勝ったか？　戦力、監督コーチ、そしてフロントとかな、みんながひとつになっているかどうかやんか。それがやっと、ひとつの方向を向けたっちゅうことやな」

「この日本一がなんやといわれたら、『阪急になって初めての優勝である』と答えるわな」

内田雅也は、鳴尾浜近くの喫茶店でブラックコーヒーを啜りながら最後の講義を始めた。

阪急。関西鉄道会社のライバルにして、球団設立当初は「巨人よりも阪急に負けるな」とタイガースが敵愾心を燃やした、かつての名門球団の親会社である。前回優勝の翌年、2006年に村上ファンドの経営権取得問題から阪神と経営統合しており、阪急阪神ホールディングスが誕生した。とはいっても、「球団の経営は阪神電鉄が行う」との内部文書があると囁かれているように、これまで阪急は経営に口出しせず、旧来通りの経営陣がタイガースを運営。それは社風が守られた半面、タイガース経営陣のぬるま湯体質がそのまま継続されたことでもある。

これが、誰の目にも変化が明らかになったのが2022年のことだった。

「やっぱり勝てなかったからやろな。最近では徐々に阪急の影響力も強まってきていた。2022年の1月に矢野監督の急遽の今季限りを受けて、球団は次期監督を平田勝男で一本化した。ところが5月に阪急電鉄の角和夫会長が岡田さんとゴルフに行った際、肩をポンと叩いて『秋になったらな』と言った。その後、球団の平田監督案は取り下げられ、岡田さんが監督になることが決定。つまり、これまでの『タイガースの監督は阪神電鉄が決める――』という図式が壊れたんや」

岡田彰布は10月にタイガースの監督に就任。続いて12月には阪神タイガースの11代オーナーに、杉山健博が就任。阪急出身者として初めてタイガースのオーナーとなった。

「経営統合して以来、角和夫会長ほか阪急幹部は表向きは監督人事に口出ししてこなかった。杉山さんがオーナーになっても、経営権は実質阪神電鉄のままなのは変わらず。だけどな。杉山さんが組織にひとり入ったことで、これまでのタイガースに蔓延《はびこ》り、何度となく繰り返されてきた足の引っ張り合いのような悪しき体質が鳴りを潜めたんや」

企業経営によく使われる「ナマズ効果」というものがある。イワシという弱い魚は生簀《いけす》に入れたまま輸送すると、その多くが力尽きるか、弱ってしまう。しかし、同じ生簀にナマズを一匹入れておくと、イワシは〝食べられる〟という緊張感から泳ぎ続け、元気で活きのいいまま運べるのだとか。まさに2023年の阪神に当てはまるのかもしれないが、「虎の中に岸一郎という異物を放り込んだ」野田誠三のミスマッチな失敗例も忘れてはならない。

現場では岡田が新監督の対抗馬だった平田勝男をヘッドコーチに入閣させた。今までであれば考えられない人事であるが、平田は権力への欲も見せず腹心としてよく岡田を支えた。

「最近読んだ本に〝明るく権力欲のないナンバー2がいる組織は崩れない〟と書いてあったんやけど、まさに平田ヘッドのことや。彼だからこそ、岡田さんを理解し、通訳しながら、みなをまとめることができた。そういったことも含め、風は変わりつつある。タイガースに伝統的に蔓延っていた悪しき体質が変わるかもしれん。まぁ、それは翌年以降、どうなるかやな。これまでも優勝した年は『連覇や』『黄金時代の到来や』とさんざんっぱら騒いどったけど、一度としてそうなった試しがない。どうなるか、楽しみやね」

よい歴史も悪い歴史も内包して時代は繋がっていく。タイガースでは数年前から球団に所属したフロントや監督経験者、選手たちの証言を集めるアーカイブのプロジェクトをスタートさせており、内田はそのアドバイザーとして協力しているという。

一方で悲しいニュースもあった。岸一郎の甥、岸卓志さんが昨年の日本シリーズの最中に亡くなったと息子の和徳さんから報告を受けた。

「まぁ、見事な大往生でしたわ。タイガースファンとしてもね。92歳で老衰。第2戦の夜に具合悪くなって入院して、11月2日の第5戦もじいちゃんと一緒に病室で応援しとったんや。

森下の逆転タイムリーで盛り上がってな。勝って3勝2敗。リーチなんやけど『明日は山本由伸で、第7戦は宮城や。こらダメかもしれんな……』なんていうとったら、心配しすぎたんやろか、その夜中に心臓が止まってしもうた。お通夜の夜が第7戦。お経読み終わったと同時にプレイボールで『こら優勝しますわ』なんて坊さんも言うとったんよ。最後、じいちゃんの枕元にテレビ置いて、親戚のみんなで日本一の瞬間まで見届けました。そんで翌日、葬儀終えたら『六甲おろし』流しながら、棺桶ごと胴上げしたんです。『こうなるのわかってたんちゃうか』って親戚みんな笑ってましたわ。ええ終わり方やったと思います」

苦戦続きだった取材のなか、「このまま何もしなければ、誰からも忘れ去られてしまう。それは一郎さんにとっても寂しいことだと思うんです」と励ましてくれた卓志さん、和徳さんの言葉が忘れられない。岸一郎という稀代の野球人が辿ってきた球史に残るべき活躍と、わずか半年の監督期間ながらタイガースに残した決して小さくない功績に最大限の敬意を表すと共に、この作品のために貴重な話を残してくれた、多くの関係者の皆様に改めて御礼を申し上げます。

さて、この岸一郎とタイガースの物語も、そろそろ仕舞いが見えてきた。

ある日のこと。川藤幸三のＹｏｕＴｕｂｅ「川藤部屋」を見ていると、甲子園歴史館に展示された歴代監督のパネルの前で、川藤と藤川球児が対談を行っていた。

これは藤川が「尊敬する村山実さんのことを知りたいので、せっかくなら村山さんの前で撮影をしたい」と、申し出たものだとか。川藤がうれしそうに目を細める。

「あの撮影の時に、球児が歴史館を観ながら言うたんや。『カワさん、これは今のウチの連中に見せるほうが先ですよ。これは知らなければならない』とな。ワシが藤村さんに言われたような、先人が作り上げてきたタイガースの本当の歴史というものを、今ワシが球児に伝えとるとな、あいつは感じ取ってくれている。『カワさんのあとはぼくに任せてください。ぼくは必ずタイガースの歴史をこの先の人たちに繋いでいきます』言うてな」

歴史とは受け継ぐ人が、何を感じ取れるかだ。先人たちがそこで懸命に生きた証《あかし》を今の自分たちがどう受け取れるか。球史に残る大スターの豪快な生き様もあれば、名も知らぬ人たちにも壮絶な人生が転がっている。大切なのは知ろうとすること。そうすれば、いつだって虎の血の物語に会いに行ける。

「この人はなんですか……?」

藤川球児が、岸一郎のパネルに興味を示した。

「ええか、球児。この人はな……」


(了)

【出典・参考文献】

「阪神タイガース昭和のあゆみ」　阪神タイガース
「タイガースの生いたち 阪神球団史」　松木謙治郎(恒文社)
「阪神タイガース松木一等兵の沖縄捕虜記」　松木謙治郎(現代書館)
「タイガース史」大井廣介(ベースボール・マガジン社)
「真虎伝　藤村富美男」　南萬満(新評論)
「哀愁のサード　三宅秀史」　平岡泰博(神戸新聞総合出版センター)
「監督術　それぞれのベースボール」　図書新聞運動部編(洋泉社)
「阪神タイガース」　吉田義男(新潮新書)
「阪神タイガースの正体」　井上章一(太田出版)
「若林忠志が見た夢　プロフェッショナルという思想」　内田雅也(彩流社)
「プロ野球史再発掘」　関三穂編(ベースボール・マガジン社)
「プロ野球人国記 信越・北陸編」(ベースボール・マガジン社)
「王者猛虎軍の栄光と苦悩 タイガース・54年間の奮戦記」　一本松幹雄(南雲堂)
「阪神タイガース『黒歴史』」　平井隆司(講談社+α新書)
「真説日本野球史　昭和篇その八」　大和球士(ベースボール・マガジン社)
「紀元2600年の満洲リーグ　帝国日本とプロ野球」　坂本邦夫(岩波書店)
「敦賀市史」　敦賀市史編さん委員会(敦賀市)
「福井県議会史議員名鑑」(福井県議会事務局)
「水戸天狗党敦賀に散る」(福井県文書館)
「福井県敦賀郡誌」　敦賀郡役所編(名著出版)
「早稲田大学百年史」　早稲田大学大学史編集所 編(早稲田大学)
「早稲田大学野球部五十年史」　飛田穂洲 編(早稲田大学野球部)
「白球の絆　稲門倶楽部の100年」　早稲田大学野球部稲門倶楽部
「満洲倶楽部野球史」　小林完一(満鉄会)
「日満商事株式会社概要:秘」(南満洲鉄道調査部)
「満州スポーツ史話」「女子野球の歴史を考察する―極東・YMCA・ジェンダー―」　高嶋航(京都大学学術情報リポジトリ)
「ベースボールマガジン」
「野球界」
「ベースボールニュース」
「Sports Graphic Number」
「スポーツニッポン」
「報知新聞」
「日刊スポーツ」
「デイリースポーツ」
「サンケイスポーツ」
「読売新聞」
「毎日新聞」
「朝日新聞」
「大阪日日新聞」
「満洲日日新聞」
「満洲日報」

村瀬秀信（むらせ・ひでのぶ）

1975年生まれ。ノンフィクション作家。神奈川県茅ヶ崎市出身。県立茅ヶ崎西浜高校を卒業後、全国各地を放浪し2000年よりライターとしてスポーツ、カルチャー、食などをテーマに雑誌、ウェブで幅広く執筆する。プロ野球関連イベントの司会・パネリストとしても出演多数。著書に『4522敗の記憶』（双葉社）、『止めたバットでツーベース』（双葉社）、『気がつけばチェーン店ばかりでメシを食べている』シリーズ（講談社）などがある。

虎の血 阪神タイガース、謎の老人監督

2024年2月10日　第1刷発行

著　者　村瀬秀信
発行者　樋口尚也
発行所　株式会社集英社
〒101-8050 東京都千代田区一ツ橋2-5-10
［編集部］03-3230-6206
［販売部］03-3230-6393（書店専用）
［読者係］03-3230-6080
印刷所　TOPPAN株式会社
製本所　株式会社ブックアート

装　丁　松坂 健（TwoThree）
D T P　TwoThree
編　集　内山直之
カバー写真　産経新聞社

　ISBN978-4-08-790149-8 C0075